アーカイブ・ボランティア

国内の被災地で、そして海外の難民資料を

大西 愛 編

HANDAI Live
048
大阪大学出版会

刊行によせて

渥美公秀

東日本大震災から三年を迎えた現在、災害復興に関する議論が続いています。幸い、堤防の修理や緊急道路の確保、住宅の再建などのハード面だけでなく、生業の再開など、くらしに関わる事柄や、長引く仮設住宅での生活から来るストレスへの対処などこころに関わる事柄も議論されています。ただ、少し視点を変えて眺めてみますと、こうした議論は、生者やこれから生まれ来る者たちに焦点を当てていることがわかります。もちろん、生者の生活こそが重視されねばなりません。また、地域社会の減災に向けた対策が必要であることは言うまでもありません。

ただ、ふと疑問に思うことがあります――果たして、現在と未来の生者だけで復興が成り立つでしょうか？――現在流布している災害復興に関する言説には、（多くの場合）死者の視点が抜け落ちていると思います。もちろん、東日本大震災で犠牲になられた方々のことを忘れるわけにはいきません。ただ、災害復興を考える際には、死者を親類縁者や先祖に限定せず、私たちの社会に臨在する不特定の死者のことも考えなければならないと思います。

わが国の地域社会は、生者だけでなく、死者および自然とともに成立していると指摘する研究者もいます。また、死や死者を排除することなく、「今、ここに（死者と共に）生きている」私たちの生に寄り添うような文化を創生すべしと訴える研究者もいます。東日本大震災後に書かれた、いとうせいこうさんの「想像ラジオ」という小説にも、次のような一節があります。

「東京大空襲の時も、（中略）広島への原爆投下の時も、長崎の時も、他の数多くの災害の折りも、僕らは死者と手を携えて前に進んできたんじゃないだろうか？しかし、いつからかこの国は死者を抱きしめていることが出来なくなった。」

「亡くなった人はこの世にいない。すぐに忘れて自分の人生をいきるべきだ。まったくそうだ。（中略）でも、本当にそれだけが正しい道だろうか。なくなった人の声に時間をかけて耳を傾けて悲しんで悼んで、同時に少しずつ前に歩くんじゃないのか。死者と共に」

では、死者の臨在する社会を大切にしていくために、私たちは、どうすればいいのでしょうか?何か私たちにできることがあるでしょうか?本書には、これらの問いに対する魅力的な応えが示されています。私たち市民が、ボランティアとして協力し合って、人々が生きたことの証を集積し、アーカイブとして保存し、活用していこうとする動きです。

アーカイブといえば、通常は、国家や企業・団体、ないし、研究者や専門家が残す資料が中心になるのかもしれません。しかし、災害後には、国家や企業・団体、また、研究者や専門家であれば、保存の対象にしないようなものが、行き場所を失います。例えば、「瓦礫」などと呼ばれてしまう被災地の様々な物品も、人々の生きた証にほかなりません。だからこそ、アーカイブには、市民の目が必要です。幸い、アーカイブの意義を理解し、自ら歓びを感じつつ、アーカイブに関わって下さる市民——アーカイブ・ボランティア——の存在があります。

災害が発生し、アーカイブ・ボランティアが、普通の人々が生きたことの証としてのアーカイブを構築し、保存していけば、どのような活用が可能になるでしょうか?本書で、奥村氏が指摘されているように、災害が発生すると、災害時を起点とする語りが支配し、それ以前との関連が断たれがちです。そこで、被災前後を生きた人々の証をアーカイブとして保存しておけば、災害前後の社会を比較し、そこから、将来の減災について考えて行くことができます。考えてみれば、災害の最も大きな被災者は、犠牲になられた方々です。その方々が生きてこられた証と向き合うことは、自ずと、将来の減災へと人々を誘うことと思います。

次に、協働想起(何らかの目的のもとで他者と一緒に過去を想起すること)の場面では、アーカイブが力を発揮します。死者が生きたことが刻印されているモノ、言い換えれば、モノに宿る死者の生を感じながら行う対話からは、様々な事柄が想起され、他者と一緒に、想起の目的(例えば、「震災三年を振り返る」)へと深まっていくはずです。

さらに、モノには、災害そのものの痕跡が残されています。それらをアーカイブとして引継ぐことによって、科学的な分析を経て地域を理解し、災害に強い地域を作っていくことができます。

最後に、少し変わった活用の仕方を述べてみましょう。それは、「そこにないものは何か?」と問いを発しながらアーカイブを眺めてみることです。本書にも戦争捕虜に関するアーカイブが紹介されています。そこにあってもおかしくない人物が見当たらない時、当時の人は何を思ったのだろうか、と現在の私たちが思うことは、単なる追体験ということを越えた現在・未来への示唆が含まれています。生きた証さえ奪われた存在。その声を私たちは聴き続けなければならないと思います。アーカイブがなければ聴くことのできない声でもあります。私は、災害を契機としたアーカイブが、時の権力者だけではなく市民の手によって、職業としてではなくボランティアとして、構築され、保存され、活用されるべきだと考えています。なぜなら、ボランティアによるアーカイブは、アーカイブにない声をも含めて、死者の臨在をより深く感じさせてくれ、そこから災害復興や、災害への備えも深まると思うからです。

目　次

第Ⅱ部　海外のアーカイブとボランティア活動

はじめに　アーカイブは残さなければ残らない

阪神・淡路大震災が起こった一九九五年はボランティア元年と呼ばれた。この未曽有の大災害にあって人々は、互いに助け合い生きていくことを学んだ。そのとき、これまでの生活の記録が失われるのを防ぐ、あるいはこの災害の記録を残すために、多くのボランティアがその作業にかかわった。災害がおこったときにどのように連携して記録・資料を救済するかの試行錯誤がなされ、その後におこった水害や台風そして、東日本大震災のときにも経験が生かされたのである。もちろんこのような作業には、専門家の助言が必要であるが、同時に多くの人手がいる。一時的に多く、そしてその後も息長く続ける作業である。東日本大震災から三年が過ぎた今も、釜石市で、陸前高田市で資料の復旧作業が続けられている。

記録を残すことは、非常事態のときだけではない。常に人々は、行動した後に記録を残す。この積み上げられた記録のうち、残す必要があると考えたものを保存し、残されたものがアーカイブである。日常においてはそのシステムが、国をはじめ公的機関、会社や団体や家族でもその作成から保管までのシステムが整っているはずである。

　本書では、その日常が突然断ち切られたときに、どのようにアーカイブを残す行動ができるのかについて考え、実際に行動したことが報告されている。公務員の仕事としてすることもあるが、その枠だけには納まらない膨大な作業があり、多くのボランティアが参加している。

　自然災害だけでなく、人災、特に戦争という愚かな行為を今も人間は続けているが、その結果、これまでのアーカイブが失われたり、あるいはその間の行動の記録を十分に残せなかったりしている。日本では、終戦時にアメリカ軍の上陸を目前にして自治体では多くの公文書を焼却した。焼却した文書は失われたままであるが、文書を焼却せよという指示書を残した自治体もあるし、焼却を目撃した人もいる。そのことを証言して記録することにより人間の愚かさを証明することができる。

　海外に目を向けると、迫害などにより国境を越えて避難した人々の記録は、その国には残らない。生きた証が残らない。のがれていった別の国や都市での記録は残っていることもある。これらをきちんと整理してまず、避難した人自身が見られるように、のちにはその歴史がたどれるように手間をかけてアーカイブとして残すべきである。

第Ⅰ部では、災害日本のアーカイブをボランティアがどのように救助したか、阪神・淡路大震災・東日本大震災と、各地でおこった水害の中から和歌山の例を紹介する。

第Ⅱ部では、海外に残る戦争の記録として、赤十字ミュージアムに展示されている赤十字委員会が収集した戦争捕虜のリストと、それぞれの人のカードを見る。また、難民とよばれる、国を追われて他国へ行った人の記録の行くえについて紹介し、これらの記録がどのようにして残されてきたか、またそれを整理し閲覧できるまでボランティアがかかわる作業を眺めてみる。

ボランティアを経験した人は誰も感じることであると思うが、この行為は困っている人のためにするというだけではなく、ボランティア本人が一つ一つの行動・作業の中から多くのことを学び、自らをより豊かにする活動でもあることがわかる。

アーカイブ・ボランティアという言葉はこの本を作るための造語であるが、それぞれの分野での、その人だからできるボランティアが今後も広がっていくことを期待する。


（大西　愛）

第Ⅰ部

災害国日本のアーカイブを救済する

第1章
大災害から歴史資料を守る
――歴史資料ネットワークの活動

奥村　弘

はじめに

一九九五年一月十七日の阪神・淡路大震災を契機に、地震をはじめとする大災害時に地域の歴史資料（これを被災歴史資料といいます）を保存するとともに、大災害そのものを後世につたえる資料（これを災害資料、大地震については震災資料といいます）を収集保存する団体として「歴史資料ネットワーク」が形成されました。その後、ほぼ二年に一度、直下型地震が日本各地で起こり、二〇一一年三月十一日に東日本大震災が起きました。さらに大水害も頻発するようになりました。

「歴史資料ネットワーク」は、阪神・淡路大震災後、日本各地で同様の活動を行う組織の立ち上げを支援してきました。現在、歴史資料ネットワークと同様の組織は、歴史資料ネットワークがその活動状況を把握しているものだけでも二〇組織を超えています（図1）。

二〇年近く展開している「歴史資料ネットワーク」をはじめとする日本各地の災害時の活動から、現代日本の地域社会における地域歴史資料の保存・活用について新たな考え方として「地域歴史遺産」という見方が生まれてきました。また大規模自然災害時における地域歴史資料の保全の具体的な方法も、多くの実践の中で深まってきています。

本章では、二〇年間の大災害時の地域の歴史資料保全活用の活動を振り返るとともに、みなさんと現代日本の地域社会における歴史資料の保存活用の今日的な意味について考えてみたいと思います。はじめに、日本において大規模自然大災害の際、保存される地域歴史資料、災害資料はどのようなものなのかを具体的にみていきます。またそのような歴史資料は、被災地において誰により保存されるのかを見てい

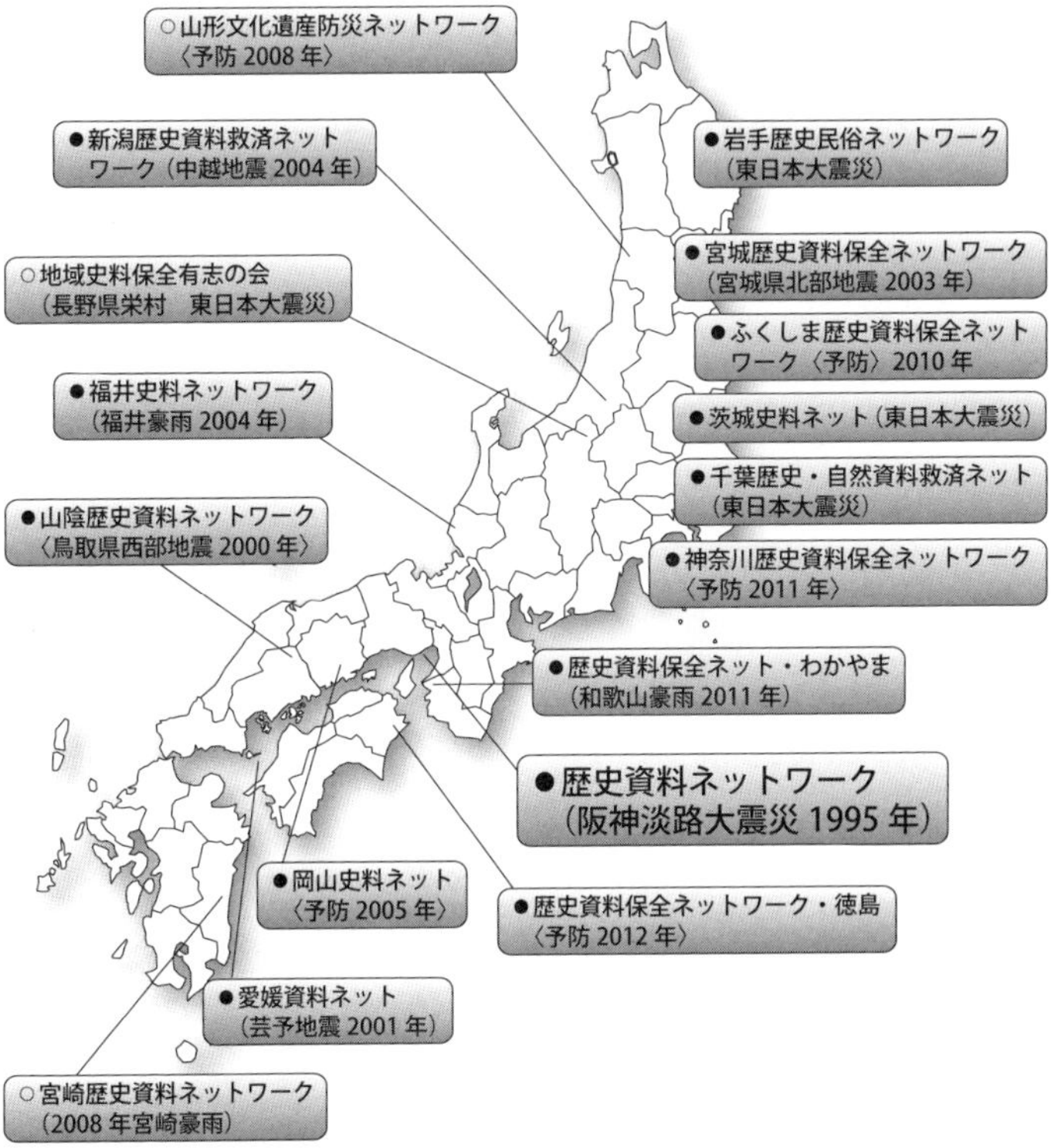

図 1　大災害に対応した歴史資料保全団体の発展
※●は大学に事務局を置く団体、歴史資料ネットワーク把握分のみ掲載

きたいと思います。

次に考えたいのは、大災害時において、地域の歴史資料の保全活用が課題とされるということの歴史的背景です。大災害時に歴史資料の保全活用が全国的に展開するということは、保存されるべき地域の歴史資料が日本社会に普遍的に存在していることを意味しています。したがって、そのような状況が生まれる背景について、日本の地域社会の歴史的特質を述べる必要があると考えています。

その上で最後に、今後も大規模自然災害が続発する可能性が極めて高い日本社会において、地域歴史資料を保存・活用することの意味は何かを再度とらえてみたいと思います。

1．どのような歴史資料が誰によって、災害時に地域社会で保存されるのか

写真1および写真2は、東日本大震災で保存された被災歴史資料の例です。東日本大震災では、写真1や、写真2のように、家族や地域の写真や様々な記録が、津波による瓦礫の中から丁寧に回収されました。その様子は、マスコミでも報道され、

写真１　岩手県宮古市で集められた資料

写真２　宮城県女川町で保全された写真

全国の人々にも広く知られました。これは阪神・淡路大震災時にはほとんど見られなかった現象でした。これら被災した地域の歴史を明らかにするための歴史資料を先にも述べたように「被災歴史資料」と呼びます。これについて、阪神・淡路大震災の時には江戸時代の古文書や明治時代の著名な人物の文書が想起されるという場合も少なくありませんでした。このような歴史資料が、地域の歴史を明らかにするために重要なものであることを、地域の方々に説明することが必要でした。東日本大震災では、阪神・淡路の際には十分課題とならなかった個人や地域の記憶に関係するものが、津波被災地域を中心に、多数保存されたことは、私にとっては隔世の感があります。地域の歴史資料が古いもの、有名人のものだけでなく、一人一人の市民レベルへと広がりをもって考え得るようになったことを意味していると考えるからです。

写真3は、阪神・淡路大震災の際に、神戸に居住していた外国人に対する支援ボランティアのチラシです。この時、外国人にとって日本人以上に、情報収集が大変でした。このボランティアはその状況の中で出発しました。このチラシでは、英語、スペイン語、ポルトガル語での対応窓口が記載されています。写真4は、岩手県立図書館が被災地で収集し、公開している様々な紙媒体の資料です。先にも述べたよ

写真3　阪神・淡路大震災時の外国人向けチラシ
2000年4月発行　神戸大学附属図書館震災文庫蔵
Kobe University Great Hanshin-Awaji disaster materials collection

写真4　岩手県立図書館で公開中の震災資料

うに、このような大災害そのものを未来に伝える様々な資料のことを一般的には「災害資料」、大地震については、とくに「震災資料」と呼んでいます。

大災害時の地域歴史資料保存の活動は、被災した歴史資料の保全に焦点が当たりやすいのですが、私は、大災害時においては、被災歴史資料と災害資料の両者を併せて保存していくことが重要であると考えています。

なぜなら大災害は、過去から現在、そして未来へと続く地域の歴史的な記憶を三つの意味で分断してしまうからです。第一は、大規模に地域の歴史資料を失わせるという点です。第二には災害時を起点として歴史が語られるため、それ以前との関連性が断たれてしまうという点です。たとえば、大災害時には、様々な形で災害史が編集されますが、災害が起こってから書き始め、復旧復興の過程を描いて終わるという形を取ることがほとんどです。災害は、それが起こる直前までの社会のあり方により、様々な特色をもつのですが、それに触れることはほとんどありません。もし歴史的な関係から説き起こし、そこから災害の特色をとらえた災害史があるとするなら、それは極めて優れたものといってよいでしょう。第三には、災害時の建物、道路の崩壊、火災等における人的な要因を隠すために、意識的に過去の歴史が隠滅させられることも起こります。

記憶を伝える「蔵」　さて、被災歴史資料と災害資料は、地域住民から見るならば、これは「地域歴史（文化）遺産」と呼ぶものとなります。地域歴史遺産と呼ぶことの意味を、東日本大震災の宮城県石巻市の本間家土蔵（写真5）を事例として考えてみましょう。上の写真は、宮城県石巻市門脇町本間家土蔵の津波被災直後の状況です（宮城資料ネットＨＰから引用）。下は、二〇一一年十一月現在の様子です（奥村

写真5

撮影）。

大地震と大津波に堪えたこの土蔵は、一八九七（明治三十）年につくられ、江戸時代以来の数万点の古文書が納められていました。所蔵者の本間さんの努力や、地元の地域歴史団体である石巻若宮丸漂流民の会・石巻千石船の会による募金活動、歴史資料ネットと同様な団体で、二〇〇三年の宮城県北部連続地震以来活動を展開している宮城資料ネットの支援により、この土蔵は解体される危機的な状況を乗り越えて、現在、保存のための修理が行われています。

地元歴史団体を中心とした、この土蔵保存のための募金の訴えには「がれきの荒野の中でけなげに、でもしっかりと建ち残ったこの土蔵のたくましさを、被災地石巻の復興の礎にできないか」「心の中に希望のともしびを持つことも大事なのではないでしょうか」と書かれています。この土蔵は、歴史資料を保存する「蔵」としては石巻に生きた一人一人の歴史を伝えるものであるとともに、東日本大震災の記憶を未来に伝える「蔵」です。ここでは、石巻に生きてゆく人々を支える地域の歴史遺産であると、石巻の人々に考えられていることがよくわかります。

この土蔵で見られるように、「地域歴史遺産」という考え方は、その地域に残された、様々な歴史を明らかにする様々な歴史資料と、それを地域社会の中で活用し、次の世代へと引き継いでいく地域の人々が、強く結びついているところにその特色があります。私のような歴史研究者は、歴史資料を読んで解釈するということに目が行きがちです。しかし地域歴史遺産として考えるということは、地域に「遺産」として残された「もの」を巡って、地域の人と人との持続的な関係を持ち続けている点に注目するところに特徴があるわけです。

記憶の継承　大規模自然災害と関係して地域歴史（文化）遺産という考え方が日本で広まるのは、阪神・淡路大震災以降のことです。二〇〇三年、内閣府は「災害から文化遺産と地域をまもる検討委員会」を結成し、この答申で、地域の歴史遺産は、地域の人々が次世代に引き継いでいかなくてはいけないと意識しなければ残らないものであり、地域の歴史遺産を残せるような元気な地域がなければ災害に対応できないという考え方を提起しました。

この答申では「文化遺産と地域をあわせてまもるという考え方においては、地域の核として認識されている文化遺産であれば、それは世界遺産、国宝などに限定する必要はないと考えられる。そこで、本あり方において対象とする文化遺産は、世界遺産、国宝、重要文化財等の指定されたものだけではなく、未指定の文化遺産も含め地域の核となるようなものとする」と述べられています。

では、何がいったい地域の核となるものなのでしょうか。また地域の核となるものはどうやって、その地域で守っていくのかを、具体的にこの答申で書いているわけではありません。しかし災害時に保全する対象について、指定文化財だけでなく、地域社会における記憶の継承と関連づけてその範囲を拡大した点で、私は画期的なものであったと考えます。最近、文化庁でもこのような見方は強調されており、東日本大震災での地域文化財保存に関する文化庁長官の呼びかけでも、未指定の文化財も含めた救援活動が重要であることが、明確に提起されています。

このように、地域歴史遺産という考え方には、それを保存活用していく地域住民の姿が常に想定されています。この考え方は、阪神・淡路大震災以降の大災害時における地域の歴史資料保全活動の中で確立してきたものです。なぜなら、阪神・淡路大震災での歴史資料保全と震災資料保存の活動は、歴史文化の関係者だけでなく、地域住民と地方自治体の協力があってはじめて可能となったからです。写真6にあるように、阪神・淡路大震災によって結成された歴史資料ネットワークの歴史資料保全活動は、自治体からの歴史資料所在データの提供と、地域の歴史文化に強い関心を持つ地域住民や郷土史家の協力によって、はじめて活動は円滑に進みました。むしろ私達が活動を開始する前から、地元の郷土史の研究者が、被災した歴史資料

写真６　阪神・淡路大震災時の歴史資料保全活動
左：倒壊家屋からの資料保全　　右：地域の研究者との巡回調査

の保存にあたるという事例が見られました。

　ところで私は、地域文化遺産でなく、地域歴史遺産という言い方をしています。それはこの時の経験によるものです。地域住民にとって「文化遺産」はどうしても指定文化財や「お宝」的なものをイメージするものであり、先に見た写真アルバムやチラシ等はイメージしにくいものです。被災地での活動の際にも、「そんなええもんはない」とのご意見をいただくことがしばしばありました。こちらから日記やビラのようなものも、地域の記憶を未来に伝える歴史資料であることの具体例を示して、分かってもらうということもよくありました。指定文化財だけでなく、広く歴史に関係するものはすべて歴史の遺産であると考えるという形で説明する中で、このような表現を使うようになったのですが、考え方としては地域文化遺産と同様です。

広がる史料ネットの活動　最初にご紹介したように、阪神・淡路大震災以降、大学教員・大学院生・学芸員・自治体のアーキビスト・文化財修復技術者などの歴史文化の専門家と、地域の歴史文化に関心を持つ地域住民とが協力して、災害時に歴史資料を保存する団体である〈史料ネット〉は、全国に拡大しています。図1にあるように、大災害時に結成されたものだけでなく、予防のために災害前に結成されたものを含め、日本全国で府県を単位として二〇団体ほどが現在活動しています。東日本大震災でも、被災県を中心にこのような団体が、地域の歴史資料保存の中核を担っています。また東日本大震災では、神戸の歴史資料ネットワークを緩やかな全国的なセンターとして、各県の関係団体が、網の目状に相互に協力して支援を進めるという動きも始まっています。またこれまで見られなかった博物館関係者が、ボランティアではなく、業務として、被災地を支援するという動きも生まれています。私は、このような動きを、新たな広域協力体制を形成していく新たな動向としてとらえています。

2. 日本の災害時になぜこのような活動が必要となるのか

次に大規模災害時、このような活動が生まれ、地域歴史遺産が保全される歴史的な背景について考えてみたいと思います。私は、四つの要因が重要であると考えています。

第一は、地域社会に多様な歴史資料が残されているという日本社会の特色にあります。これについては、本来、それとして一冊の本になるような詳しい考察が必要ですが、ここでは結論のみを簡単に述べておきます。日本の地域社会はモデル化すると、次頁の図2のように、府県――市町村――昭和の自治体――明治の自治体――江戸時代の町村――集落という六つの単位に重層的に成り立っています。また、この重層的な地域と関連をもって、企業やＮＰＯ等も存在しています。

近代日本では、明治、昭和、平成と三回の大規模な自治体の合併がありました。この際、江戸時代からあった「村」や「集落」、明治の合併の基礎ともなった「村連合」という地域的な結合は、かならずしも解体されませんでした。むしろその枠組みを利用して地域運営はその後も展開し、現在も、近世の「村」の単位が「区」

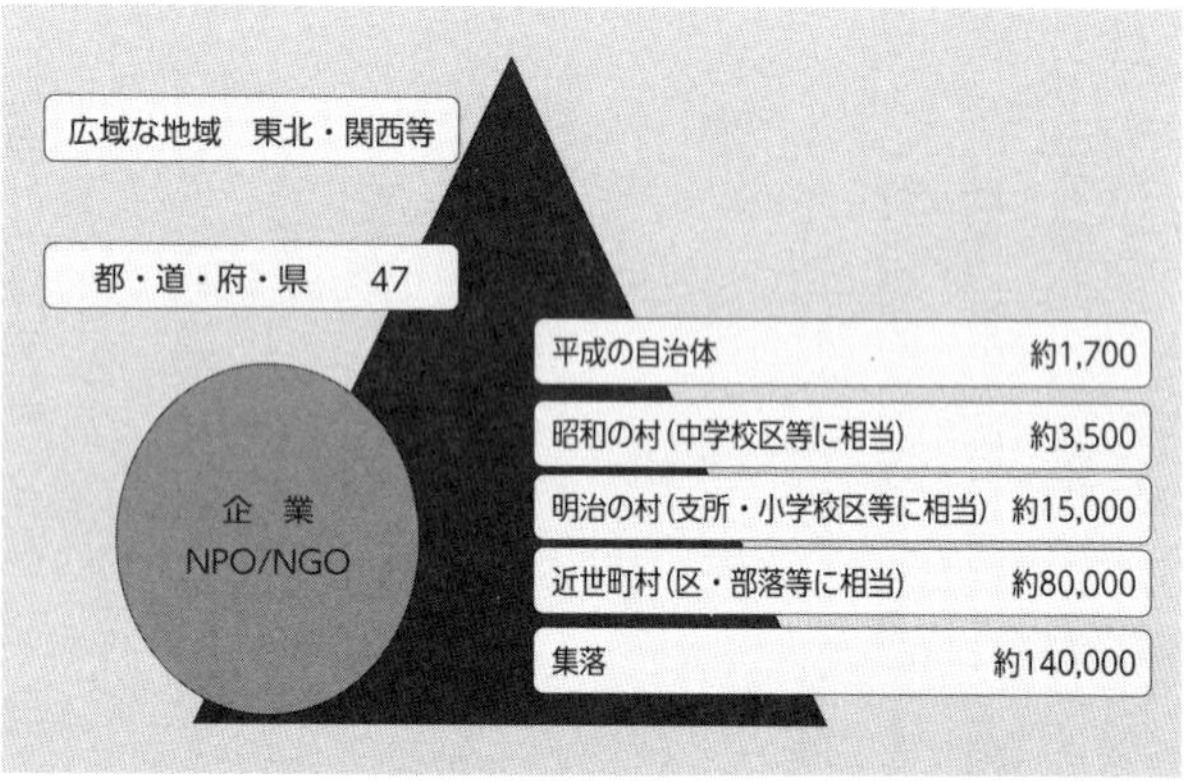

図２　日本の重層的な地域社会と地域歴史資料の関係

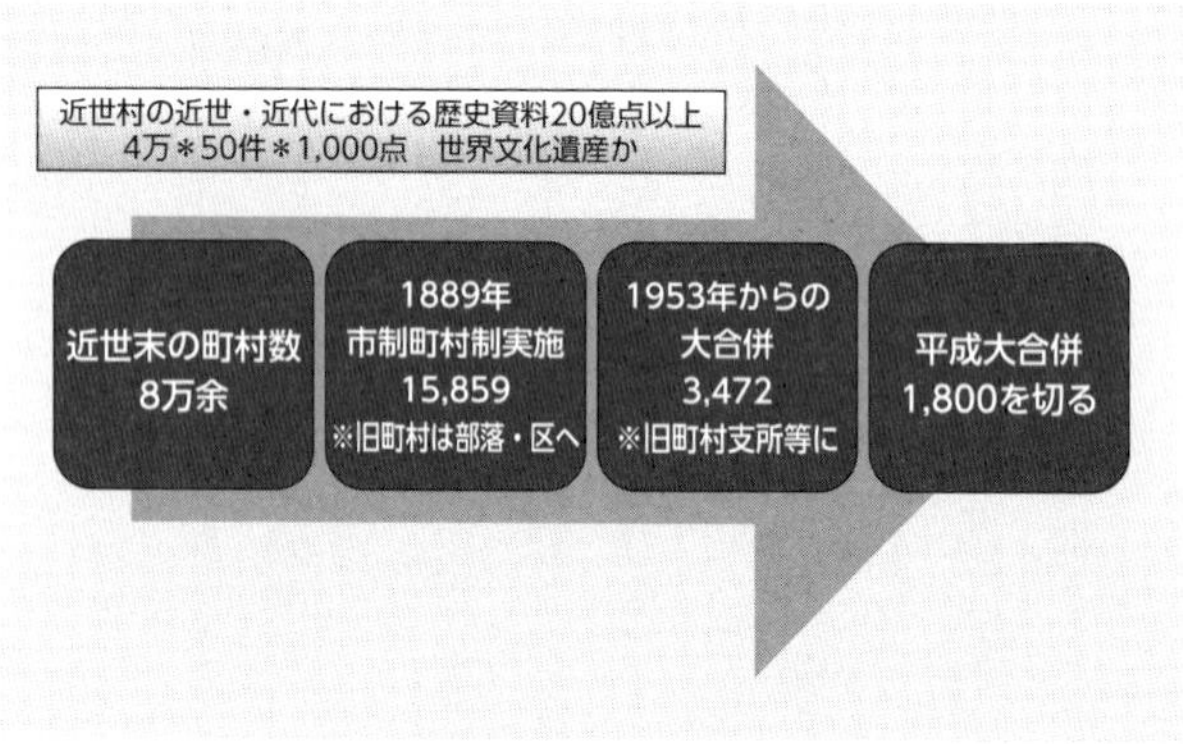

図３　近代日本地域社会　自治体合併との関連で

として地域運営に重要な意味を持つなど、これらの単位は、自治体の運営において様々な役割を果たしています。

したがって、かならずしも地域の歴史資料は、大規模化した自治体に集約されず、重層的な地域社会の各部分に多様に残ることになりました。その総量は不明です。仮に近世から敗戦までの歴史資料を概算してみましょう。江戸時代の町村の半分、四万の町村で史料が残っており、各町村で五〇群の史料群があり、各群には、千点の史料があるとするなら、全国で二〇億点ほどになります。そのうち多くは、コミュニティの集会所や個人の住宅に現在も残されています。このような歴史資料の残存のあり方は、東アジア社会の中では珍しく、韓国の歴史研究者から、それを世界遺産にすべきではといわれたことがありますが、これが大災害時に、地域歴史資料の保全活動が行われる基礎的な条件となっています。

第二は、このような地域の歴史資料は、現在、その存続の危機を迎えています。近世末期に、日本の農村地域の人口は約三千万人でした。その後、同地域の人口は、第二次大戦後の大陸からの引き揚げ者による増加をピークに、一九八〇年代まで同じく三千万人程度を維持していました。現在、高齢化が進むとともに、その人口を維持できないという状況になっています。これは江戸時代以来の地域社会の人的な枠組みそのものが維持困難であることを意味しており、廃屋の中で歴史資料も朽ち果てていく状況が拡大しています。

さらに一九六〇年代以降の高度経済成長は、日本人の生活文化を大きく変えました。薪を使った炊事は行われなくなり、農耕や運搬で牛馬が使われることもなくなりました。日々の生活の中で、大切にされてきた過去の記憶が意味を失いつつあります。このことが、地域の歴史資料が失われる大きな原因となっています。同時に、現在、その中で、地域歴史文化が危機にあることも、地域住民に共有されはじめています。むしろ危機が深いからこそ、地域社会を持続させていくために、地域の歴史文化の価値が見直され、これが災害時において、地域住民が地域歴史遺産として歴史資料の保全を進める基礎になっているわけです。

第三は、阪神・淡路大震災以降、日本において大地震や大水害が多発し、その中で地域の歴史資料を保存することが緊急の課題として提起されたことです。

一九四八（昭和二十三）年に福井地震がおこり、福井市街が壊滅的な影響を受けて以来、一九九五（平成七）年の阪神・淡路大震災まで四七年間にわたって、都市部で震度六以上の大規模な地震災害は日本では起こりませんでした。それに対して、阪神・淡路以降は、ほぼ二年に一度大きな地震があちこちで起こるようになり、二〇一一（平成二十三）年に東北で巨大地震が起きました。

このことは、偶然にも、高度経済成長によって日本社会大きな転換を遂げたときに、地震や災害がなく、それを組み込む形で、新たな文化が作られてこなかったことを意味します。さらに地球温暖化の影響により、この一〇年くらいのあいだに大規模な水害が増加してきています。江戸時代からある蔵が初めて水につかったという事例が次々とみられるようなっています。このようなことから、大災害時の地域歴史資料の保全とその研究は、日本においては蓄積がなく、阪神・淡路大震災を起点としてはじまることになりました。水害時の対応は、さらに遅れて二〇〇四年七月の福井県豪雨からはじまっています。

第四に、一九九九（平成十一）年からの基礎自治体の大合併（平成の合併）に対応して、大規模な基礎自治体にふさわしい新たな歴史資料保存機能が必要になったにもかかわらず、かならずしもそれは形成されていないという現状があります。たとえば、二〇一二年の神戸大学大学院人文学研究科地域連携センターでの聞き取り調査では、兵庫県において大規模災害時に地域歴史資料への対応が可能な自治体は、一八％に過ぎないという結果がでています。平成の合併では、周辺化した旧自治体への対応が行政課題となっていますが、歴史資料についても同様なことが問題となっています。

3. 大災害が続く、現代日本社会のなかで地域の歴史資料を保存する意味

今後も大地震の発生が予想される日本社会のなかで、地域歴史資料を地域歴史遺産として保存活用していくことの今日的な意味について述べ、本章の結びとしたいと思います。

災害に強い地域文化の形成　第一は、地域歴史遺産を保存活用することで、地域住民が災害の記憶を地域社会において過去から未来へと引き継ぎ、災害に強い文化（これを災害文化といいます）を形成することが可能となるということです。東日本大震災の津波災害と関連して、津波が来れば、すぐに避難せねば危険であるという記憶が引き継がれているかどうかが、減災のために重要な意味を持つことが強調されたことはよく知られたことです。阪神・淡路大震災でも、第二次大戦時の空襲後の避難所で水の確保やトイレの問題が深刻であったことが思い起こされ、都市部で使われていなかった近世以来の用水路が活用されたという事例も見られました。災害

が起きやすい場所には建物を建てないとか、避難所や仮設住宅の課題であるとか、さらに長期にわたる復興過程の中での地域文化の役割であるなど、大災害の記憶が歴史文化として引き継げるかどうかは、減災においてきわめて重要な意味を持ちます。

第二は、災害の歴史だけが、未来に引き継がれていくことはない、ということです。日頃から、地域の住民が地域歴史遺産を活用し、過去から現在へと続いてきた地域社会を深く理解する歴史文化の蓄積なしには、災害に強い文化は形成されません。多様で重層的な日本の地域歴史文化を未来に向かって豊かに展開していくこと、そのような形で日本の市民社会を成熟させていくことが重要です。またそれを可能とすることによって日本は、災害に強く、人々の文化が保障されている社会のモデルを、世界の人々に提示しうるものともなると私は考えています。なお、このような日常活動の具体例として、神戸大学大学院人文学研究科地域連携センターの二〇〇三（平成十五）年以来の活動があります。これについては同センターＨＰ、同センター編『「地域歴史遺産」の可能性』を参照していただければ幸いです。

第三は、地域歴史資料の保存および、その研究は、地震災害が歴史的に継続してきた日本社会において、地震を科学的に研究する基礎資料となるという点です。災害史研究の分野であるとともに、大規模自然災害が連続する日本列島で「生存」していく上で、災害と向かい合う中で、列島に生きてきた人々が様々な文化を形成してきたと考えるならば、それは狭い意味での「災害史」ではなく、日本列島における「生存」の歴史を問い直すものになっていくと考えています。

未来にひきつぐ資料　最後に以上の事柄を提起しうる背景として、災害に強く多様な地域の歴史を未来に引き継いでいく歴史文化を、日本の市民社会が作りつつあることを強調しておきたいと思います。阪神・淡路大震災では、「阪神・淡路大震災記念　人と防災未来センター」「神戸大学附属図書館震災文庫」等、日本ではじめて民間所在の大災害を伝える資料を保存していく施設が生まれました。これらの施設には市民の理解と協力により、膨大な震災資料が保存されることになりました。また、本章で述べてきたように、阪神・淡路大震災以来、歴史文化関係の各専門家と市民が協力して行っている被災歴史資料の保全運動も持続的に行われ、その規模も拡大しています。このような活動は、地域住民の活動への協力と参加なしにはありえないものです。その意味で地域歴史資料の保全と地域歴史遺産としての活用は、日本の市民社会の形成の上に成り立つものであり、その成熟を支えるものであると考えています。歴史資料ネットワークは、保全活動へのボランティア登録を進めています。歴史資料ネットワークのホームページ等から、みなさんのこの活動への参加を呼びかけて、本章の結びとします。

参考文献

奥村弘『大震災と歴史資料保存――阪神・淡路大震災から東日本大震災へ』吉川弘文館、二〇一二年二月
歴史資料ネットワーク編『歴史のなかの神戸と平家』、一九九九年十二月、神戸新聞総合出版センター
動産文化財救出マニュアル編集委員会編『動産文化財救出マニュアル』クバプロ、二〇一二年七月
歴史学研究会編『震災・核災害の時代と歴史学』青木書店、二〇一二年五月
神戸大学人文学研究科地域連携センター編『「地域歴史遺産」の可能性』岩田書店、二〇一三年八月
奥村弘編『歴史文化を大災害から守る――地域歴史資料学の構築』東京大学出版会、二〇一四年

なお本章は、科学研究費（S）「大規模自然災害時の史料保全論を基礎とした地域歴史資料学の構築」の成果の一部である。

コラム
Column

資料目録をつくるボランティア

歴史資料の救済　一九九五年の阪神・淡路大震災から半月ほどたって、倒壊した家屋から歴史的資料を救出するボランティアの動きがあった。京阪神地方にある歴史学研究の四学会が「歴史資料保全ネットワーク（略称、史料ネット）」として事務局を兵庫県にある尼崎市立地域研究史料館において活動をはじめた。ほかに地元NGO文化情報部や文化庁の施設、これに続いて全国歴史資料保存利用機関連絡協議会（略称、全史料協＝公文書館・博物館や自治体の史料・文書担当職員等で構成）もこの史料ネットと連絡をとりあった。私は全史料協の会員として連絡を受け、以前、伊丹市史編集室や伊丹市立博物館に勤務していたことがあり、市内の地理がわかっていることから、伊丹市域のボランティアの資料レスキューに参加することになった。

資料レスキューは当時阪神版に新聞報道も何度もなされた。指定文化財や旧家の古文書といわれるものは重要史料であるとの理解が得やすく、早い時期からいくつかの情報も集まってきて、史料ネットでは倒壊家屋から十数件の救済・レスキューをしている。集まったものは必ずしも「指定された」「時代の古い」「由緒ある家の」「公的な」ものばかりではなく、近代や戦後のものもあった。

伊丹市は西国街道の旧道沿いに古い町並みが残っていたが、震災でこれらの家々はほとんど倒壊した。しかし、一九九五年三月末までに救済された資料はわずか三件であった。全壊・半壊の家では、まず当面の生活に必要のないものにまで当事者は気が回らない。また、これらの活動の中心となる伊丹市立博物館自体も損傷を受けて通常業務ができず、職員も自宅が倒壊している状況であった。このような館を応援しながらボランティアが主となって市内全域の資料の被害状況調査を始めようということになった。

まず、市内全体を区分けして班を作り、資料の保全を住民に呼びかけながら趣旨を書いたチラシを配るというパトロールを開始した。必要なボランティア数を確保するために連絡をとっているうちに、結局第一回目が実行できたのは三月二十九日であった。すでに更地になってしまった家も多く、「捨てるには忍びないけれど、どうしようもなかった、もっと早くきてくれれば」という声を無念な思いで聞いたボランティアも多かった。四月二十二日までにのべ四七日四四人が参加した。その結果七件の資料を救出した。うち六件が市立博物館に一時避難することになった。そのあともパトロールは続けられたが、ここからは避難した資料の整理について紹介しよう。

資料目録の作成　博物館へ持ち込まれたものは民具・農具類と文書・記録類に分けられる。文書・記録類はあり合わせのダンボール箱や、中にはビニールのゴミ袋にじかに入って搬入されたものもあり、また壊れて壁の土にまみれ、引き裂かれているものもある。ある程度の整理や保護をしておかないと、将来にわたる保存も困難になるので、ボランティアの手のあるうちに初期整理をすることになった。

初期整理というのは、まずほこりを丁寧にはらい、搬入されたときのかたちをあまりくずすことなく、またラベルを貼ったりしないでだいたいの内容と点数を確認する。そしてこれらの仮目録をつくり、新しい箱や袋にいれる作業である。この整理には、資料整理の経験者が指導に当たることが必要である。当面休館である市立博物館を使用することになり、時間を都合できる人がボランティアとして、ここにきて作業をすることになった。保護のためには多少の用具や資材が必要であるが、中性紙の箱や封筒、薄葉紙など特殊なものは国立史料館（現国文学研究資料館）が援助してくれた。また、整理する個人がそれぞれ持ち寄ったものもある。四月八日から七月一日まで一五回のべ三〇人が整理にあたった。

暮らしが見える資料　ここに集まった資料は必ずしも、いわゆる文化財ではない。しかし、人々がこの地で生活してきた証しの品々であることは間違いない。整理した資料のなかにはどんなものがあったのか、概要を紹介しよう。

E家の資料は全体で二〇箱、約三五〇〇点。近代の生活資料が多く、軍事郵便による多数のハガキをきちんと束ねてあるのが印象的である。家族全員のタビの型紙が揃っているのにも興味が引かれた。明治生まれの私の母の田舎では普段着るものはすべて家で作っていたと聞いたことがあった。そういう暮らしはごく普通のことだったのだろう。ほかに戦前期の農会資料や戦後の農業協同組合・農地改革の資料、農業機械の商品案内など農業の近代化のようすを示すものも多い。図書類では、明治から昭和初期にかけてのこの家の子どもたちが使用した教科書、帳面、習字の手本類もよく残してある。子どもたちの教科書や教材を毎年バッサリ処分している自分の生活を反省させられる。また当主の趣味であったのか、謡の本が大量に保存され、謡の会のプログラムも一括して出てきた。

M家は、明治期に区長に選出された家であるため、村会綴、役場報告書といった公的記録のかたまりがあり、昭和初期には兵庫県都市計画委員を務めたらしく、その関係資料もある。伊丹劇場営業報告や、大正期の小学校のアルバムもみられる。近世文書としては奉公人請状、名寄帳、用水仕法など富裕な農家のようすを伺わせる資料がある。また高野講、伊勢講などの資料は近世から近代にかけて使用されていた模様である。約七〇〇点。

T家については、史料ネットが担当整理した。以下はその調査報告による。庄屋も務めた家で、一八世紀以降の文書が総計一二〇〇点あり、とくに文化・文政期の触留、願書留、免

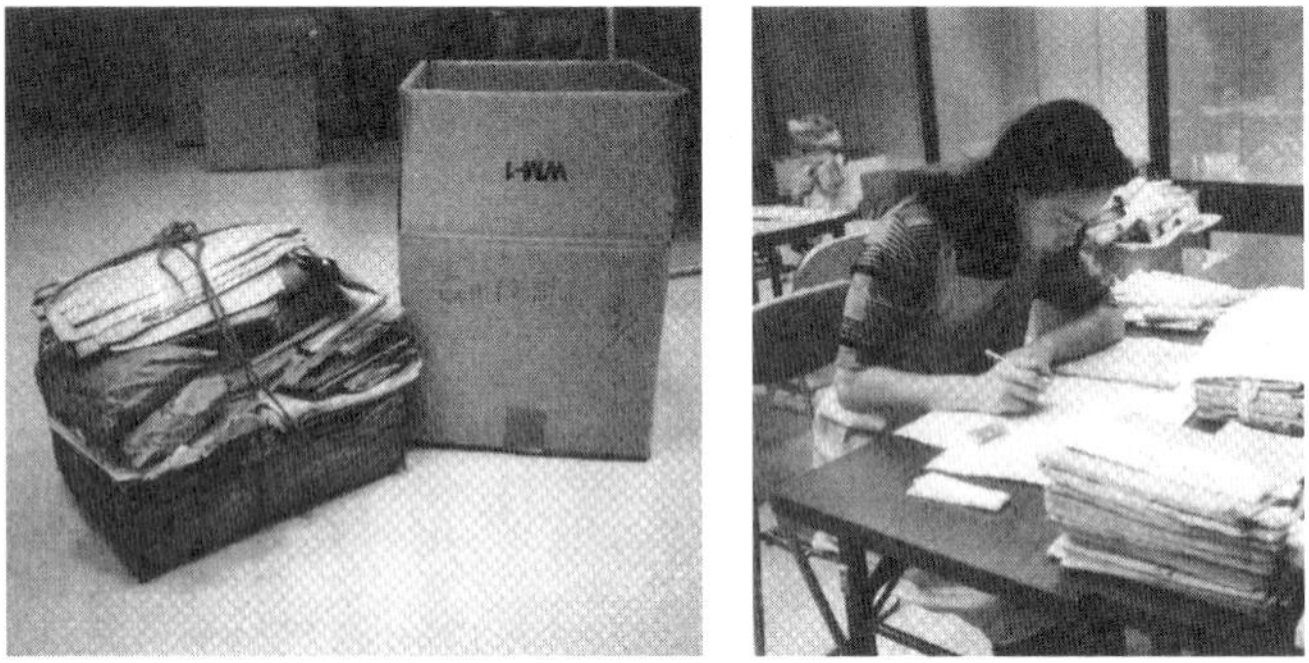

〔左〕左のカゴ入りが元の状態、一括されたいくつかのブロックをこわさないようにして、右のダンボール箱に入れていく。からげてあるヒモ、コヨリ、袋等も残す。
〔右〕整理の順序が決まると、1点1点あるいは一かたまりごとの目録を採っていく。
（いずれも 1995.6.　伊丹市立博物館）

割、宗旨改めなど基本資料が残っていて、当時の村のようすを知ることができる。また明治期の地主としての農業経営資料もあり、当主の日記も注目される。

以上あげた資料は先に述べたように指定された文化財ではない。しかし、どれも地域の文化を示す第一級の歴史資料であると私は思う。教科書には裏表紙に記名があり、授業中の落書きや傍線もある。謡の本の手擦れの跡やたくさんの謡の会のプログラムを見ると当主の熱心さが感じられる。他の例では各頁に意見を書き込み、お茶のシミをつけ、時にはへそくりを隠し（今回の調査でも、保存箱の敷紙の下から計二〇円ほどのお札が出てきた）、栞を入れ、頭髪の何本かを落としていることもある。情報は本の中身だけでなく、その所蔵者がつけ加えたことも含めてとらえられる。

これらの資料は、重要文化財や指定文化財よりももっと身近に、その地に生きた暮らしを私たちに語ってくれる。将来これらの資料を誰でもいつでも手にとって見られるような形で保存していくことは、「文化」であると思う。

震災という特別な機会に出会って、私たちの生活は転機を迎えるかもしれない。明日からの生活をよりよくするために、過去の歴史遺産を残そうとする行為は大切である。しかし個人で保存しきれない理由ができたときには、公的な保存場所にゆだねたいと思う。これらはアーカイブとなりうる資料である。世界のほとんどの国にはアーカイブ（歴史的文書のことも、それを保存する機関のこともいう）があり、市民のこうした記録も保存するシステムを持っている。日本でもアーカイブを残そうとする国の機関や法律も整備されてきたが、まだまだ国や地方公共団体の公的文書の保存に着手したばかりである。民間に残された、人々の毎日の暮らしを跡づける資料を残していくためには、所蔵者のこだわりとそれを支えるボランティアの力が必要と思われる。

（大西　愛）

大西　愛「記録史料の救出と整理から学ぶもの」『阪神大震災と出版』（日本エディタースクール出版部、一九九五）をもとに改稿した。

第2章

捨てるな！　記憶より記録
――ボランティアとともに釜石市の公文書救済

青木　睦

国の機関である国文学研究資料館は、東日本大震災において多くの自治体の公文書が甚大な津波被害で消失したことを知った。「住民のくらしに欠かせない大切な記録を津波が押し流して」と新聞の報道に見える（朝日新聞二〇一一・三・二七）。自治体の公文書、行政文書は、地域復興に欠かせない行政上の基礎資料であるとともに地域住民の記録であり、住民が生きてきた証である。大津波による被災文書救助に対し外部からの支援は遅れており、歴史資料としての公文書が消滅の危機に瀕し

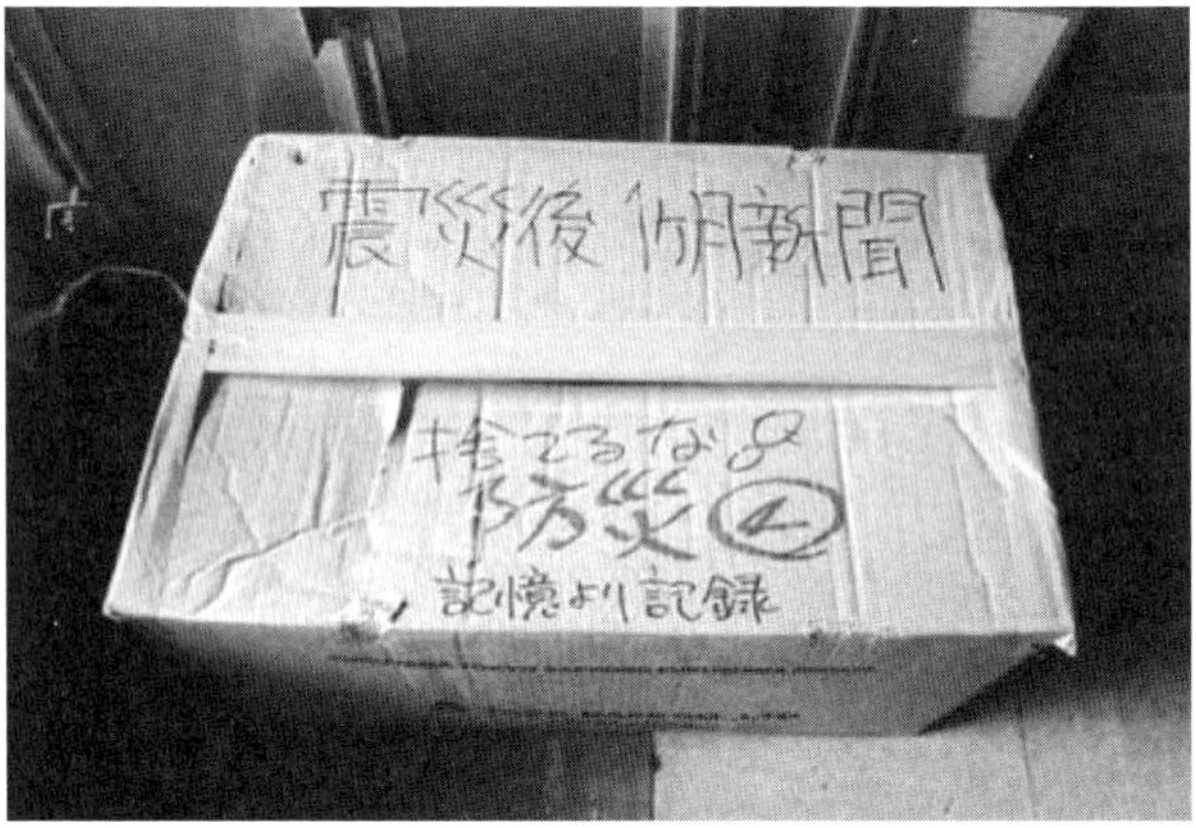

旧釜石市第１中学校の教室に置かれていた震災後の新聞を保管してあった段ボール箱　釜石市職員により「捨てるな！　記憶より記録」と記されていた

ていた。

国文学研究資料館は、庁舎の一部が被災した釜石市に公文書被害の状況を問い合わせたところ、市からは被災調査をしてほしいと要望があった。そこで二〇一一年四月二十六・二十七日、まだ新幹線は復旧していなかったため夜行バスで釜石市まで行き、青木以下二人が調査を実施した。車窓から遠野市までの内陸部は、地震による被害がそこかしこに確認されたが、豊かに広がる田と畑、清閑な山々を抜けて、釜石の市街地に入ると状況は一変した。うず高くつまれた瓦礫の山が道路の両脇に堆積していた。原型をとどめた木造の家はなく、多くのビルの一階は瓦礫に埋め尽くされ、鉄骨がむき出しになっていた。釜石市街地を巡り、大槌町へ向かい、何もなくなっていた大槌町役場の惨状に唖然とした。

その後、釜石市公文書の被災調査を行い、文書の復旧方策について提案したところ釜石市長はこれを受け入れ、具体的な復旧作業に入った。これらの作業は、文化庁文化財等レスキュー事業立ち上げのパイロット事業として文化庁の理解を得た。同事業の説明会では、阪神・淡路大震災時の活動指針を継承しつつ、さらに自然史系の資料、公文書的な資料など、幅広く対象として救助することが承諾され、とりわけ公文書のレスキューの必要性がもとめられた。

1. 釜石市役所の被災文書

釜石市は市役所が津波被害を受け、行政文書が水に濡れて甚大な被害にあっていた。地下にある文書庫は天井付近まで水没した。瓦礫に埋め尽くされた大量の水損文書が発生した。人口三万九九九六人（二〇一一年二月）が暮らす釜石市にとって行政文書は、現在はもちろん将来にわたり地域の貴重な歴史資料となることは自明の

釜石市地下文書庫（2011年4月26日）

ことである。

　公文書は作成部局で住民の生活のたびに作成され、活用されている。保管年限が過ぎると活用度がさがり「半現用」とよばれてそのうちの重要な部分は、厳重な評価と選別を経て永久保存され、歴史資料となる。このような文書の保存システムを文書のライフサイクルとよんでいる。しかし、突然の地震、津波のためこのサイクルが断ち切られ、選別がなされないまま被災した。現在の生活の記録そして将来の歴史資料としての公文書がそのまま消滅する寸前でもあったともいえる。

2. 応急対応と復旧の活動

文書レスキューの過程は複雑で専門的でもある。釜石市では大量の文書が水に濡れているため、まず救出・搬送し、乾燥するという工程をたどる。しかし、作業が長引けばカビがはえる。また乾燥だけでなく、泥、よごれの除去も必要である。専門家だけでなく大勢の人の手を借りて作業を迅速に行う必要がある。これらの作業場、使用する大量の物品の手配なども急がれる。

五月初に作業を開始した。被災後四六日を経過した当時の釜石市ではまだライフラインの復旧さえ十分ではなく、乾燥作業などは釜石市の自力で行える状態ではなかった。海水の影響でカビの増殖は少なかったが、気温が上昇するとカビの繁茂が心配される。

活動の支援のためにまず公文書の整理や保存についての専門家に参加してもらいながら文書の救助を始めた。瓦礫を撤去した後、市役所地下文書庫に入る。書架ごとに番号をつけ、写真やスケッチで棚にどのように入っているかを記録する。棚ごとに文書をビニール袋につめた。作業場所としては、市役所から二〇〇メートル離

手持ちでの搬送は重労働

れた旧釜石第一中学校校舎を市役所が手配したので、文書を中学校の三〜五階へ搬送した。水を含んだ文書は相当の重量であり、まずリヤカーで運び、階段は手持ちで持ち上げる作業は重労働である。これらは段ボール箱換算で一〇〇〇箱であった。六月十日に搬送を終え、七月十三日には文書リストの作成を終えた。市役所全体の文書量は総数二万七二〇〇点であった。

中学校の作業場ではこれらの文書を、カビが生えないように乾燥させたり、泥を落したり、タワシ、スポンジ、マイクロクロス、ハケの順に用いてクリーニングする作業に入る。これも専門家の指導を受けながらボランティアがする。作業の支援者は一日一〇人のベ二〇〇〇人が必要と見積もられ

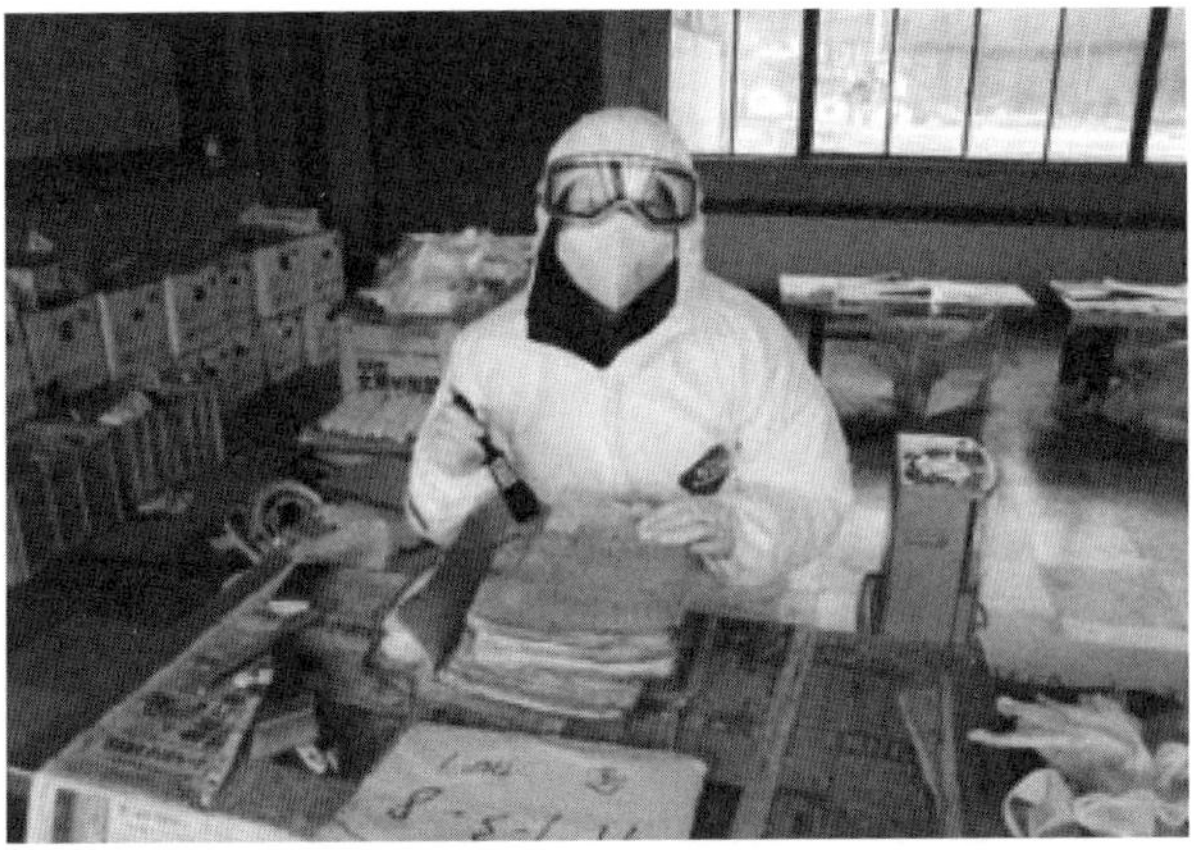

カビや粉塵からの防護をしてのクリーニング作業

た。まるごと水に浸かりすでにカビが出始めた文書は、座布団用の圧縮袋に入れて空気を抜き（座布団圧縮袋封入法と名づけた）、暗所に保存してカビの進行を防ぐ。部分的に水に濡れたものは新聞紙をキッチンペーパーでくるんだ即席吸水紙（キッチンペーパーサンドと名づけた）を間紙にして水分を吸着する作業を繰り返す。しばらく置くときは縦置きにして乾燥を促した。このように状況に応じて工夫がなされ段階的に乾燥させた。以上が作業第一期といえる。

第二期七〜十月は乾燥を促進するために現状を維持しつつ継続乾燥を行った。八月には乾燥状態の確認、十月は乾燥状態の観察のために水分計で計測や塩分・汚染物質の測定、さらにクリーニングと完全乾燥の促進を行った。現用文書も図面類のクリーニングを優先し、ファイルに綴じられた図面類も泥を小タワシ、スポンジ、マイクロクロス、ハケの順に用いて実施した。

再生作業十一月〜三月はファイル表紙の交換、リストとの照合、元配架順に並び替えを実施して被災文書を原課に引き継ぎ、文書を使用できるような状態とした。

3．活動の支え――ボランティアの参加と多くの支援物資

この活動には多くの支援者・ボランティアが専門的な立場で参加した。多くが休暇をとって旅費・宿泊の支給を受けずに、土日祭日を使って何度も支援にかけつけてくれた。

五月六日〜七月十三日までの六九日間、青木・国文研チームは常駐して活動した。専門職員と現地でのボランティア参加もあった。所属別には国文研チーム二三、支援ボランティア一〇三（文書館、図書館、博物館、全国歴史資料保存利用機関連絡協議会略称・全史料協会員など四八、岩手ネット六、山形ネット八、七月二日・三日の報告会参加者一一、釜石市ボランティアセンターからの派遣二九など）であった。参加者延べ八五九

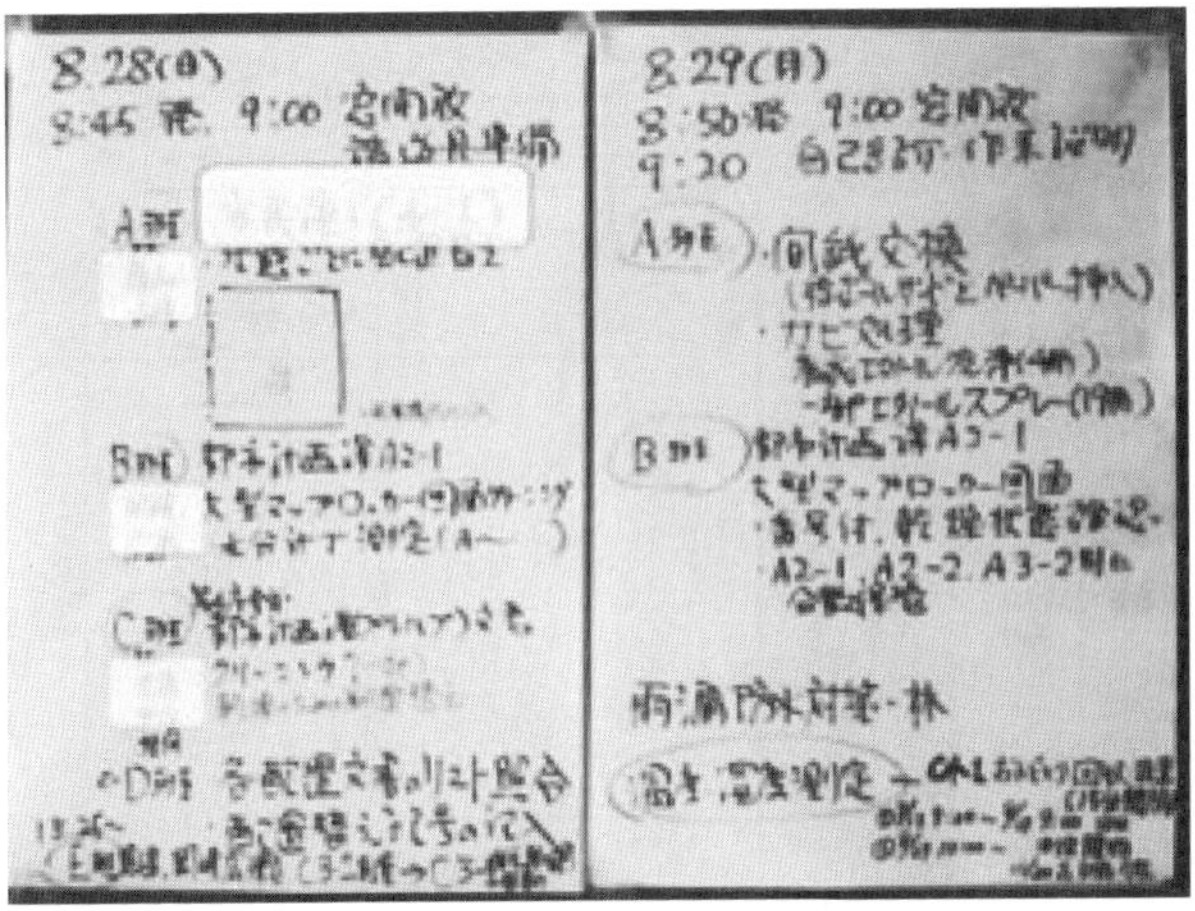

日々の作業確認のための説明書き

クリーニング作業

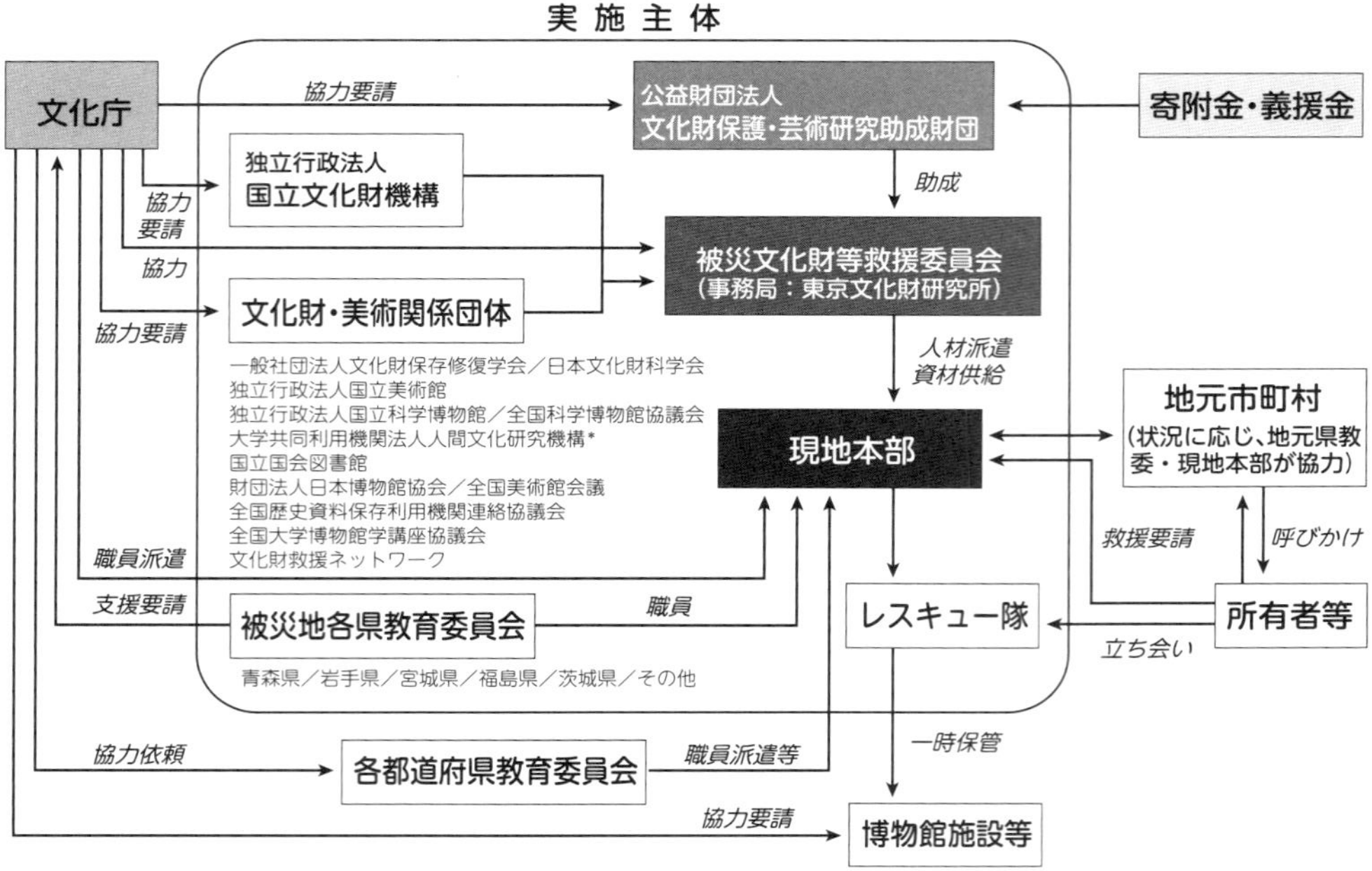
実施主体
文化庁
協力要請
公益財団法人
文化財保護・芸術研究助成財団
寄附金・義援金
独立行政法人
国立文化財機構
協力
要請
助成
協力
被災文化財等救援委員会
（事務局：東京文化財研究所）
文化財・美術関係団体
協力要請
一般社団法人文化財保存修復学会／日本文化財科学会
独立行政法人国立美術館
独立行政法人国立科学博物館／全国科学博物館協議会
大学共同利用機関法人人間文化研究機構*
国立国会図書館
財団法人日本博物館協会／全国美術館会議
全国歴史資料保存利用機関連絡協議会
全国大学博物館学講座協議会
文化財救援ネットワーク
人材派遣
資材供給
現地本部
地元市町村
（状況に応じ、地元県教委・現地本部が協力）
救援要請
呼びかけ
職員派遣
支援要請
被災地各県教育委員会
職員
青森県／岩手県／宮城県／福島県／茨城県／その他
レスキュー隊
所有者等
立ち会い
一時保管
協力依頼
各都道府県教育委員会
職員派遣等
協力要請
博物館施設等

東北地方太平洋沖地震被災文化財等救援事業（文化財レスキュー事業）

人が二〇一一年五月から二〇一二年三月までの間、支援活動に当たった。

電気もガスもない場所で始まった作業だが多くの資材の提供を受けた。熊本県天草市からの物資は四五品目（扇風機、スポットクーラー、プラスチックコンテナ、新聞）、被災文化財等救援委員会（右図参照）からキッチンペーパー、人間文化研究機構（国の機関）から活動資金・リヤカー他。釜石市は作業場所の整備と発電機、石油ストーブ。また乾燥作業時に不足した新聞紙やキッチンペーパーは遠方の支援者から宅配便で送られてきた。

4. 自治体文書のレスキューの難しさ

公文書は行政上の基礎資料であるとともに地域・住民の記録であり、とくに現用文書は個人情報など公開できない情報が多く、本来は職員以外は扱えない。したがって救助の際には自治体と支援者との間で守秘義務に関する誓約書を取り交わした。阪神・淡路大震災のときに神戸市の水道局の図面が被災し、見つけられなかったため、各種業務に影響を及ぼした。行政文書は救助・復旧する人がいなければならないんだということを知り、このとき多くの反省点があった。こうしたいくつもの反省点が今回の震災に生かされている。

これらの作業と並行して六月には、宮城県、福島県の建物と行政文書の被災状況を確認した。宮古市、山田町、大槌町、釜石市、陸前高田市、南三陸町、石巻町、このあたりまでは自治体の行政文書の被災状況がわかり、何らかの形で支援に入らなければならないと確認できた。その後文化財等レスキュー事業の範囲での支援で全史料協が動き出し、また群馬県立文書館が女川町の復旧を支援した。陸前高田市には全史料協と法政大学サスティナビリティ研究教育機構と神奈川県立公文書館が救助・復旧にたずさわり、活用に至るまで支援した。さらに国立公文書館は内閣府の経費を得て、被災市町村で救出された行政文書の調査と保存修復に着手し、宮古市等で洗浄・修復の活動をしている。

一年が過ぎた二〇一二年の三月十一日を私たちは被災地で文書のクリーニング作業をしながら迎えた。この被災地でのレスキューという実体験の場には、多くの若い人々が参加した。救助に当たる若い人が育たなければと人材育成を被災地で考え、協同しながら情報を共有してきた。地域の公文書を丸ごと救助するため、被災自治体とともに外部の団体が協同したということの意味・意義は大きかったかと思う。

ボランティアに文書の状態を説明（2013.11 旧橋野小体育館）

災害はいつどこで起こるかわからない。これからの広域災害に対処するには、被災地の外からの救援体制が必須である。今回のレスキューでは「文化財等」という広い意味での文化財を救うために、現在あるさまざまな枠組みを超えた連携体制が組まれた。

これまでの活動拠点であった旧釜石市第一中学校校舎は解体されて復興住宅に生まれ変わった。被災文書は『遠野物語』の民話の宝庫である釜石市旧橋野小学校に二〇一三年一月に移動した。このあとも、この拠点で被災文書のクリーニングをつづけ、釜石市役所の各課のもとに送るまで、作業はつづけていく。人間文化研究機構の国文学研究資料館チームは、今後も専門的な立場からこれまでのレスキュー活動のなかでわかった課題・問題点の解決や、被災資料の活用を実現するためのシステムについて考えていきたい。少し専門的になるが、今後、次の4点を研究課題として取り組んでいく。

一　津波被災紙資料の劣化症例研究
二　水被災紙資料の救助・復旧の方法・技術プログラムの開発研究
三　被災自治体文書の長期保存に向けた保存措置・洗浄・修復のシステム研究
四　記録保存の観点での震災の記憶の継承に関する研究

また、国の機関である人間文化研究機構が大災害という緊急時にどのように対応するべきかを検討し、スムースに救援を進めていけるよう体制をつくっておく必要がある。

本章は、青木睦「東日本大震災における被災文書の救助・復旧活動」（『国文学研究資料館紀要』アーカイブズ研究編　第9号、二〇一三年三月）に基づいて本書用にまとめたものである。

コラム Column

水に浸かった文書を救済する

二〇一三年十一月十八日～二十日、岩手県釜石市に公文書保全作業の手伝いに行った。二〇一一年の津波で書庫が水に浸かり、役所の業務に使う書類も市町村合併前後の歴史的に重要な文書も同時に被災した。国の機関である国文学研究資料館の専門家を核としてボランティアが混じってこれらの公文書を元に戻す作業が計画され実施され今も続いている。これまでの作業は重労働、過酷な作業であったと思う（第2章参照）。カビないように、くっつかないように注意して今ではすっかり乾いた公文書が箱に入れられて、作業場である旧橋野小学校の体育館に並べられてた。

今回は、文書をからげたビニールひもを外して書類の中を一枚一枚めくり、こびりついているドロをハケやクロスで取り除くという作業であった。エプロンをつけマスクをし、布手袋とビニール手袋を二重にして装備は十分かと思ったが、頭もキャップで防護するようにと指導をうけた。今まで経験したことのないホコリである。少し寒さが増してきた東北の、使われなくなった小学校の体育館の全フロアに積まれた文書箱の間に机を並べて暖房なしの作

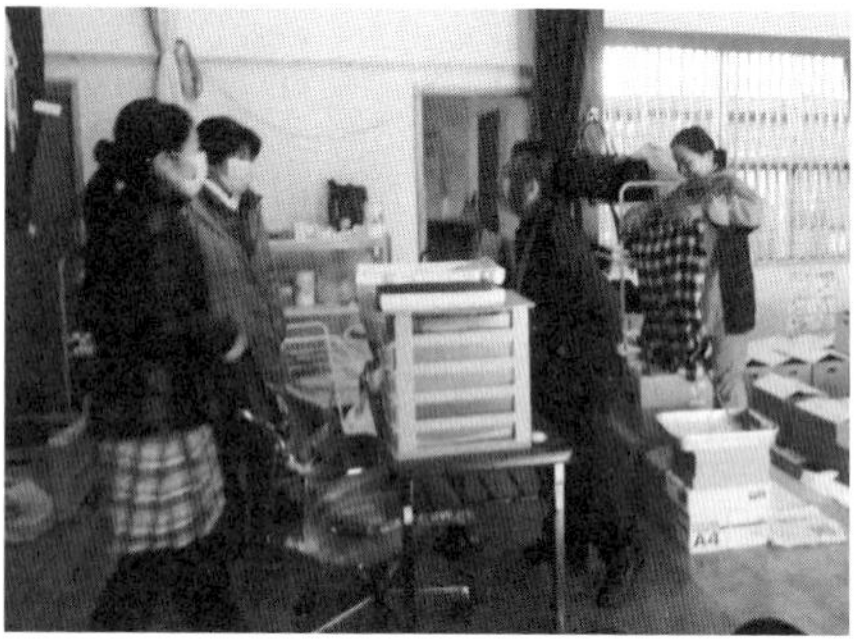

作業前の打合せ（2013.11）

業場。東京から埼玉から、奈良から福岡から今回参加の九人みんな自分の意志で参加しているので、黙々と作業する。私は二泊三日だけであったが、リーダー青木睦さんは当初からかかり切りである。三日間の作業で整理されたのは数箱である。出来たものから市役所の担当に引き渡す。市の業務に必要なものから選んで作業していくのだそうである。その見分けもなかなか難しい。

何度も箱を上げ下ろししないですむように配架にも工夫がこらされていた。単に文書を修復するだけでなく、普段の文書事務の作業にも役立つように試行錯誤がなされていた。まだまだ膨大な作業が残されている。

厳しい作業であるが、楽しいことも準備してもらった。災害から復旧した「カキ小屋」では、大きなガステーブルを囲んで大ぶりのカキを山盛りにして蒸す。全員で四山のカキをあっという間に平らげた。小屋の

体育館に並んだ文書箱

すぐそばが海で、その先には養殖イカダが見えていた。その先には豊かな三陸の海が広がっていた。

東北の被災資料の整理はまだまだ先が見えていない。釜石市だけでなく、被災した東北地方の多くの市町村に文書があり、それ以外にも民間にもある。今もどこかでこれから何年もかかって資料整理が続けられる。

災害国日本では、いつもこのような作業があると考えていいのではないかと思う。日本だけでなく、二〇一三年十一月にはフィリピンでも風速九〇メートルの台風があったとの最近のニュースで聞く。地球規模の災害のたびにまず人の命、そしてその記録を保全してこれからの被害を次代に伝えることが求められる。そのためには多くのボランティアの協力が必要である。その語が示すようにボランティアは自ら希望して行う活動である。私もこれから希望して行動し続けていきたいと思う。

（大西　愛）

第3章 釜石市と陸前高田市での活動
——全史料協の対応

小松芳郎

はじめに

全国歴史資料保存利用機関連絡協議会（以下　全史料協）は、国や地方自治体、大学の公文書館、文書館等の機関及びその職員等で一九七六年に結成された団体で、二〇一四年三月一日現在、機関会員一三四機関、個人会員二九五人が参加している。結成以来、国民共有の財産である歴史資料・公文書等の保存・活用・継承の促進めざして活動してきた。ここでは、二〇一一年三月十一日以来の全史料協の取り組みを紹介する。

大震災への対応

二〇一一年三月十一日の地震発生直後から、全史料協の調査・研究委員会が加盟機関への被災状況の聞き取りを始め、各加盟機関に電話等で安否・被災状況の聞き取りを行った。

全史料協は、同年五月二十六日に東日本大震災臨時委員会（以下、臨時委員会）の設置を決めた。二〇一三年三月までの二年間、①被災自治体の支援要請を前提として、機関会員等に情報提供を行い、必要とされる人材を被災自治体に紹介、②被災地で、公文書等の保存・救済のための研修会等の実施、③被災公文書等の実態の情報収集、④関係機関に対する要望活動、をしてきた。

あわせて、東北地方太平洋沖地震被災文化財等救援事業（文化財レスキュー事業）へ、全史料協として参画した。

釜石市での活動

二〇一一年七月二、三日には、臨時委員会は、人間文化研究機構国文学研究資料

館（文化財等レスキュー「人間文化研究機構内チーム国文学研究資料館」）との共催で、「東日本大震災水損資料復旧プロジェクト報告会」を、岩手県釜石市の旧第一中学校で開催した。これは、東日本大震災により被災した公文書等の救助復旧の促進を図るため、被災公文書等の救済活動に係る知識と技術の共有することを目的としたもので、二〇人近くの参加があった。国文研の指導を受けて若干の実習も行った。

陸前高田市のレスキュー活動

三月十一日の津波は、鉄筋四階建ての岩手県陸前高田市役所庁舎の屋上に迫る高さであったという。その裏手には、二階を文書庫として使用していた鉄筋二階建ての建物があり、この建物も津波に飲まれた。二階には大きな窓がないために海水が建物内にとどまり、その結果文書等が流出することにはならなかったようである。七月の時点で、文書庫に保管されていた文書群の多くは、自衛隊によって隣接する市役所建物内に運び込まれていた。

釜石市での報告会の機会に臨時委員会は、機関会員の群馬県立文書館から得た情報をもとに陸前高田市役所の視察も行った。そして両日にわたって釜石市で開かれた臨時委員会において、陸前高田市役所が保有する公文書のレスキューを実施する

救助された陸前高田市の公文書
（陸前高田市旧矢作小学校　2012 年 1 月 12 日）

ことを決めた。そして、全史料協会長から市長宛に、被災公文書等の復旧方策について提案書がだされた。

活動を開始するにあたり、臨時委員会で構想した枠組みは、①公文書レスキューを通じた行政支援を実現すること、②そのためにも、レスキュー活動を現地で行うこと、③現地作業を行うにあたり、その主な担い手を公務員の派遣に求めること、であった。レスキューの対象を、陸前高田市が保有する現用公文書とした。

臨時委員会では、文化財等レスキュー事業の枠組みを活用して、陸前高田市公文書のレスキュー活動を行うこととし、全史料協会員に作業メンバーの

陸前高田市の公文書綴を１まい１まい除塵する
（旧矢作小学校　2012年1月13日）

派遣を呼びかけた。市当局による調整（作業場の手配、人員の確保）のなか、作業現場の旧矢作小学校で、八月から一月まで延べ二一日、全史料協会員六〇人が参加した。

現地での作業を行ったメンバーは、全史料協会員を中心とする派遣メンバー、県・市の緊急雇用基金によって雇用された地元の方たち、陸前高田市から退職者の会へ協力を要請していただいた方々、だった。

二年目以降も、乾燥に目処がついた文書から、クリーニング、ファイル交換、目録作成などに順次作業を進めていった。

被害状況の情報収集と発信

現地でのレスキュー作業と併行して、臨時委員会では、被災情報確認のための現地でのヒヤリング調査を実施してきており、被災資料状況一覧リストを作成してきた。

この二年間、被災資料調査・情報収集・整理・確認・リスト化の作業を続けてきた。

多くの課題をのこして

全史料協臨時委員会の任期は二年間で、二〇一三年三月でその活動を閉じた。全史料協派遣メンバーはボランティアであり、本務との関係から現地入りが困難なケースも少なくなかったと思われる。このため全史料協事務局が、人員の確保・調整に苦慮した。

今回の活動の成果と課題を十分に議論しつつ、公文書・地域資料を問わず、歴史資料の保存について幅広く活動し議論することが必要となろう。これは、次の大規模災害に備えることになるのみならず、日常における損失にも対応することを意味する。

おわりに

今後も、全史料協として、陸前高田市や被災自治体への支援は何らかの形で継続的に取り組まれる必要があろう。被災地は、多面的かつ長期にわたる支援を必要としているのであり、全史料協もこれに取り組んでいく責任を持つ。

被災地にある公文書等の保全や毀損資料の救済と復元、被災経過や今後の復興過程を記録する多様な資料の収集と保存は、地域住民の生活の再生に不可欠であり、地域の復興とともに、地方自治の推進にとっても極めて重要であると考える。

第4章 ボランティアで、できることとできないこと

金山正子

1. 東北でのアーカイブ・レスキューの始まり

二〇一一年五月二十七日、震災後初めての大阪から釜石市までの陸路での移動は遠かった。国文研チームが釜石市で行政文書のレスキューを開始してからすでに一カ月以上が経過していた。文化庁が主催する関連学会の救援ボランティアの登録シ

ステムも動き出し、現地では青木睦氏（人間文化研究機構国文学研究資料館准教授）とともに事務局を担当した林貴史氏と児嶋ひろみ氏の長期間にわたる現地での泊まり込みの調整のもと、レスキュー作業が動き出していた。皆が真摯な心持ちで「何かできるか」「何ならできるか」を考えながら動いていた。私個人はいかほども貢献できたわけではないので、全体的な意見をいえる立場でないのはもちろんだが、この三年間の一連の活動（もちろん今現在も続いている）を振り返ってみたい。また同時に、阪神淡路大震災での状況とも比べてしまうのだが、あえて個人の立場としてアーカイブ・レスキューのボランティアに参加してきた感想と少しの所見を述べたいと思う。

釜石市の行政文書レスキューは、行政組織外部のボランティアが現用の市役所文書をレスキューできた数少ない事例となっている。その根底には、被災した市役所とレスキューする側との信頼関係を構築するという根気のいるコミュニケーションが必要とされる。というのは、平常においては、市役所の現用文書というものは市民の不利益につながる懸念もあり、第三者の目に触れることは避けなければならない。しかし、被災地の行政事務をつかさどる市役所にとっては、今現在進行している業務に関する文書は必要不可欠である。それらが津波に浸かり使えなくなっている現状を目の当たりにして「早くなんとかしなくては」とは誰もが考えることだろう。しかし対象が現用の行政文書である以上、取扱いには慎重を要する。そのためボランティアの呼びかけはいわゆるアーカイブや文書館・図書館等の業務をしている、あるいは理解している方々に限定された。さらに、そうして集まったレスキュー作業の参加者は、全員が守秘義務を誓約する書類にサインをしなければならない。

人員を集めるのも困難なことだが、集まった人たちに作業をしてもらうには道具類が必要である。ボランティアの参加者らもマスクや手袋、刷毛といったマイ道具を持参してはいたが、作業に必要な道具や消耗品類は人間文化研究機構の予算で準備された。さらに活動初期の段階から、製紙メーカー等からは大量の乾燥用の吸い取り用紙（キッチンペーパー）など消耗品の寄付があった。また熊本県天草市からは大型扇風機やスポットクーラーなど実際の乾燥作業に必要な機器や消耗品類などの物資が、四トントラック一杯に職員じきじきの運転で差し入れされた。天草市は二〇〇六年七月の水害の際に天草アーカイブの資料が大量に水損し、その復旧処置で青木氏や多数のボランティアの方々が援助したこともあり、「お返しに全国どこでも大規模災害がおこったら駆けつける！」という意気込みだ。助けてもらったからお返しせねば、という気持ちは個人でも組織でも同じ。やはり非常時の助け合いは、普段の人脈やネットワークのおかげでよりスムーズに進むものだ。

2. 被災地での交通整理

釜石駅前の交差点では、ずいぶん長い期間にわたり信号機が停電しており、交差点の中央では警察官が手信号で渋滞する車をさばいていた。彼らは全国から派遣されてきた警察官の方々で、その背中に「○○県警」など遠方の名前をみると思わず「遠くからご苦労様です」と心の中で挨拶してしまう。

我々もいざ現場へ！とはいえ、被災地での作業には臨機応変な状況判断が必要とされる。外部から大勢の作業ボランティアが駆け付けてくれた場合、現地で中心になって交通整理をしてくれる人がいてこそ、いろいろな作業が順調にまわりだし、それぞれの役割がようやく機能し始める。それが少しでも効率よくまわるために、たとえボランティアであっても「専門家らしい、らしく貢献できることは何か」を各自が考えるのは大事なことだ。大袈裟なことを言っているのではなく、初めての人でも安心して安全に参加できる体制をつくるために、少しでも自分が得意とする分野や経験値があるならば、分担を割り当てられるのを待っているのではなく、自分ができる役割を自らかってでることが大事なのだ。それによって、少しは事務局が役割りを割り振る手間が省けるし、はじめての参加者は経験者のもとで安心してポジションにつける。先輩が後輩を指導するという意味では、最近多い教師指導一辺倒の部活ではなく、もっと自主性が求められるサークル活動に似ているかもしれない。

各地でのレスキュー事業の立ち上げ過程を考えると、阪神淡路大震災のときからの大きな進展は、文化庁の呼びかけによる関係機関の連携体制が初期段階で作れたことだ。この名目のもとで、各機関や学会のボランティア参加希望者を登録制にして現場とつなぐというネットワークが構築された。これはこの数年の各地での自然災害による文化財被害を経て、より関係者がそれぞれの立場で動きやすいように改善されてきた結果でもある。参加する人たちも公私の使い分けはあっても、自分がどの立場で動いているのかをかなり明確に認識して参加することができるようになったと思う。過酷な被災地の現実を直視しながらの作業は、気持ちの部分でも強さが必要である。さらに、その中で根気のいるつらい作業を続けるために、また一度だけでなく繰返し現地に来てもらうためにも、個々人のポテンシャルを保つことは大切である。長く現地入りした事務局の皆さんは体力的にも精神的にも大変だったことは想像に難くないが、彼らが国文研チームのスタッフとしての位置づけで現地に入れたことは大変重要であったと思う。阪神淡路大震災の際には、あまりにも行政の縦割りに制約され、大阪府からすぐ隣の兵庫県にレスキュー作業に行くのにも被災自治体からの依頼書が必要だなどと言われてままならなかった。被災地行政事務が復旧していないのに外部援助の事務手続きなど到底無理で、周辺関係者はよくわからない立ち位置で動かざるを得ないざらり感が皆の心の底にあった。遠方からも、いてもたってもいられず休暇をとって現地入りしたものの、所属を隠して動いていた人たちも結構いた。調整役をかって出てくれる組織が存在してはじめて、ようやく参加者はそれぞれのポジションで現地に入り作業に没頭できるのである。

さて、個人的に「私のポジション」を認識することの意味を少し考えてみよう。現用の行政文書はアクセスの難しさを認識していたこともあり、被災状況の調査依頼でもない限り東北でアーカイブの救援には入れないだろうなと思っていたところ、国文研からレスキュー作業の人員募集の連絡が入った。国文研と釜石市の接点も最初は個人的人脈から交渉がはじまったと聞いている。釜石市で作業に加わったのは守秘義務の必要上、関連業務の経験者が多いということは最初に説明したが、ボランティアといっても皆自分の仕事を抱えているメンバーが多い。東京方面からは金曜日の夜行バスで現地入りし、二日間作業をして日曜日の夜行バスで東京へ戻り、月曜日から通常業務に戻るという強行軍もいた。私自身も元々はアーカイブに関わる仕事をしていたので、やはりアーカイブの救済をしたかったのもあり、関西から数回現地入りしたが、ある程度のまとまった作業をしようと思うと移動に二日、作業三日で五日間くらいは自分の仕事を休まなければならない。ボランティア休暇などは官公庁や大企業でもなければなかなか認められず、結局は最初の東北入りは有給休暇で出向くこととなった。そこで行く前には、現場での自分の利用価値を自己評価してみる。休暇ではあるが一応はプロフェッショナルとして紙資料保存の仕事をしているので、クリーニングや乾燥作業や応急処置のノウハウは提供できる。必要な道具類やホコリ・カビへの防護対策も伝授できる。これまで他所での調査でいろいろな作業を青木氏と「あ、うん」の呼吸でやってきた経験がある。「うん、使える」と自己採点して、現地では「これはこうしましょう。私と誰々でやりますよ。」と具体的提案型サブリーダーを想定した（じつはつい遠慮してこれが結構難しかったりする）。東北圏内の他所では民俗資料や歴史資料の救援活動も早期に動き出したが、現場に入るならば同じところでできるだけ回数多く参加するのが望ましい。けっしてあちこちの現場を物見遊山で渡り歩いてはいけない。

3. 現場での二段階の保全措置

ここで、少しレスキュー現場での実務的な話をしよう。震災から三年近くが過ぎ、これまでの活動を振り返るべくさまざまなシンポジウムが各地で開催されている。被災地でのレスキューにおける資料の保存処置は、二段階で実施するつもりで初期対処するのがよいだろう、というのが東北での経験値の総括的な見解だと思う。すなわち、第一段階では現地でできるだけ早急に応急的な保存処置を行う。これは、様々な時間的・人員的・予算的な制約の中、短期勝負で行わざるをえないが、引き続き行う第二段階での処理が安全に効率よく進むように、知識と想像力を働かせて処置を進めることが大事である。第二段階は、現地あるいは資料を作業に適した場所に移動させての専門家らによる復旧作業である。

被災地現地に入った専門家には、通常業務の常識に縛られすぎずに、安全性を第一に、かつ効率性を優先した迅速な判断がその場で迫られることが多々ある。本来ならばどうすればよいのかはわかっているのだが、様々な制限された状況の中で、猶予なく決断を迫られる。まず現場に入る最初のステップのリーダーは、第一段階での応急処置の到達点をどこにおくかを決めなくてはならない。それぞれがやれるだけ精一杯を資料一点ずつにやってしまっては、より数多くの資料を保全することができない。「ここまででやめる」「あとは次にまかせる」「これはしない（できない）」という割り切り（けっしてあきらめではない）が必要とされる。救済する資料の量、集められる人員、タイムリミット……極寒地の場合は冬が来る前にどこまでの作業を終えておきたいかなども考慮する必要がある。被災地の多くの場合は、目録情報などの基本情報がない中で、どれに優先順位をおき、どこまでの処置をするのかという判断は困難を極める。とくに民俗資料などのモノ資料の場合は、どれがその地域特有の資料なのかを判断するにはモノだけでなく付加情報が必要で、収集履歴や使用状況が記載された調査カードなどの内容があってこそ資料が活用できる。まして災害時に目の前の資料について即時判断するのは、資料を熟知している者であっても困難である。全体のイメージをもって個々の判断ができるようにしておくためにも、常日頃から資料情報などのデータのバックアップを他所に保管しておくことが、リスクマネジメントとしてとても大事だと痛感した。とはいえ、何らかの基準で資料のトリアージ（処置の優先度の識別）をしていかなければならない。

紙資料の場合、水に濡れた度合いで判断していくのが現実的である。具体的には①あまり濡れておらず自然乾燥できるもの　②乾燥処置をすれば比較的早期に乾燥

できるもの　③水濡れがひどく乾燥には非常に時間のかかるもの　④復元不能あるいは不要とおもわれるものに分け、それぞれの作業を進める。①は紐に吊るしたり、小口を開いて隙間を開けて立て、床に並べ風を送る。②は吸い取り紙などを頁の間に適宜挟み、取り替えながら水分を吸い取っていく。③は②と同様の手作業の乾燥を繰り返し行うか、時間と人手がない場合は凍結させて待機する、もしくは真空凍結乾燥法で処理する。真空凍結乾燥法は、湿った状態で出土する埋蔵文化財の木製品の保存処理などにも適用される方法で、予備凍結させた資料をデシケーターという密閉容器に入れ、内部の気圧を下げて真空環境下で氷を気化させて乾燥させる方法である。④は水濡れだけでなく破損が甚だしいものや、代替が可能な出版物などである。その場で判断できないものは、とりあえず凍結させて検討するのが得策だろう。また、乾燥中の資料の保管場所と作業場所の確保も必要不可欠である。

釜石市役所文書の場合は、外部への持ち出しはできないこともあり、現地の廃校の小学校を作業場所にして、人手による乾燥作業のみで進めている。凍結処理などをするには、大型冷凍庫を保有している会社などに協力してもらう必要がある。真空凍結乾燥機は埋蔵文化財の保存処理をしている埋文センターなどに設置されている。リスクマネジメントの一環としては、災害を被った際のシミュレーションとし

クリーニング作業（児嶋さんと筆者 2012 年 8 月）

て、こういった外部協力機関との事前の提携も必要である。

さらに実務的な留意点を数点あげておくと、作業を効率よくできるように作業場の配置などは各自で工夫すること、調達できる物資は限られているので、あるもので効率化を考える創造力もほしい。被災状況と処理前・後の写真や処理内容の記録は大切だが、限られた時間ですべての記録を詳しく残すことはできなくても簡略化して残すことは必要である。たとえば、処理記録は料理のレシピ本のように作業順に資料の状態や動作がわかるように撮影し、その写真に説明を加えてつくると初心者でもつくりやすい。

現場での作業は少しでもたくさん進めたいという一生懸命さのあまり、作業する人たちの健康被害には注意しているものの、専門知識がないゆえに配慮が充分には足らない場合がある。今回は、現場で東京文化財研究所の研究者によるカビ採取と、培地での種類同定も行われ、また作業上の注意点なども指導された。専門家が実際に被災現場に入って、現地で可能な防御法をアドバイスすることは作業員の安心感という意味でも大切なことである。

この他にも、東北の被災地では様々な処置方法が考案され実施された。関東の紙資料保存の専門家らが結成したボランティア組織である東京文書救援隊（代表：安江明夫）では、現地で被災文書を一枚ずつ水洗いし、ボードに挟んで風を送り乾燥させるシステムを考案して各地でレクチャーし実施した。釜石市では二〇〇二年に起こったプラハ洪水の被災紙資料の乾燥の際に用いられたスクウェルチ・ドライイング法の応用で、市販の座布団圧縮パックと掃除機を使って吸い取り紙に包んだ文書をパッキングし、徐々に乾燥させる方法もとっている。

他の古文書類と違う釜石市役所文書の乾燥過程で考慮すべき点は、現用文書であるからこのうちの何割かは行政に必要な現用期限を終了すると廃棄されるものだということだ。行政文書には現用→半現用→非現用というライフサイクルがあり、非現用になったもののうち歴史的資料として残すものがアーカイブとして保存され、他は物理的に焼却等されていく。すなわち、レスキューしたものは現用として使いたいものであるが、歴史資料として後世に遺すべきものであるかどうかはこれから判断されていくものである。したがって、指定文化財や古文書類のような徹底した保全措置ではなく、まずは今必要なものから使える状態にしていくことが求められるのである。文書にとって不幸中の幸いだったといえるのは、津波の海水の塩分がカビの発生を抑制したことと、市役所が少し高台にあり半地下の書庫への津波が押し寄せてしばらく後に引いたため、長期間水に浸かったままにはならなかったことである。釜石市役所文書の修復や脱塩といった第二段階の処置は、まだ先になるであろうが、塩漬けになった文書類の長期保存のための措置方法などが今後は研究されていくことだろう。

4. これからのアーカイブにむけて

未整理のアーカイブには非公開資料が多く含まれ、個々の資料の内容に対して個人的な興味をもってはいけない、というのは整理者の原則である。ゆえにアーカイブの未整理資料のデータ化などは内部のスタッフや委託された業者によって進められる。しかし、多くの大量に残された未整理資料には人手や予算はつかず公開の手筈は進まず、結果として住民に不利益をもたらしていることになる。で、知識が豊富で分別がありパワフルで、しかも時間があり賃金はなくてもそこそこお仕事のできるシニア世代の方々は、うってつけのアーカイブ・ボランティア候補者だと思う。実は私も海外のアーカイブでの日常業務の様子を知りたくてUNHCRのボランティアを経験してみた（第Ⅱ部をご参照ください）。学生ボランティアだけでは任せきれないかもしれないが、シニアボランティアが同じグループで参加してもらえたら、実務指導も兼ねて若手育成にはもってこいだと思う。国内のアーカイブでもこのような形でのボランティア導入の検討をしてほしいものだ。

5. できることとできないこと

これまで釜石市役所文書のレスキューに参加してきた経験をもとに述べてきた。これらのレスキューされた資料を今後どのように活用していくのかは、所蔵者や管理者が決めなければならない。レスキューボランティアの延長でできることは、「こうあるべき」論だけをつきつけるのではなくて、「このような方法もある」「まずはここから始めてみては」という具体的内容を提案していくことである。例えば、国文研グループは釜石市の公文書を対象として「東日本大震災における被災紙資料の保存と活用におけるソリューション研究」を立ち上げ、復旧作業を引き続き行うとともにシステム構築の後方支援をしていく様子である。まだアーカイブ的部署がなく、歴史的行政文書の保存と公開にかかわる文書のリテンションスケジュールが作成されていない釜石市の文書管理システムを見直し、新たなシステムを導入することを提案されていくのであろう。

被災地でレスキューされた個人蔵の古文書類にしても、それをどのように住民共有の遺産として残していくかは、現在の所蔵者の判断に任されるところである。保存機関への寄贈という選択もあるだろうし、個人で持ち続けるというのも選択である。それでも「たいしたもんやない」と思っていた文書類を若いボランティアの学生達が瓦礫の中から大切そうに救いだすのをみて、ちゃんと残そうと思ってくださった所蔵者の方も多かったと思う。では、大切に残す、住民の共有の財産にするという意味は何なのか、を我々は広く知っていただく努力をしていかなければならない。史料ネットをはじめボランティアの皆さんが、レスキューした文書をただお返しするだけでなくきちんと目録も作成して所蔵者にお渡ししたりしているのも、まずはどのような内容がその文書からわかり、それらが歴史を検証するのに必要なのだと示したい、そういう意味も含まれているだろう。

できたこと・できなかったことをふり返り、共有していくことが、なぜ資料を遺すのか、どのような資料を遺したいのかを考え、そのための方策を築きはじめ、それがさらに、今後も繰返し起こるであろう自然災害に備えることにもつながるのだろう。

被災資料だけでなく、未公開の資料の整理を安心して任せてもらえるように、「アーカイブ・ボランティア」の意義を多くの方々に知っていただければと思う。「アーカイブ」という言葉は私が初めて先輩に「何ですか、それ?」って聞いた三〇年前に比べると、ずいぶんメジャーになったのに何かが足りない?と感じる。個人も団体も企業も行政もアーカイブを担当すると称する部署を設置し始めているが、そのうちのどれくらいに「自らの活動の証《あかし》として自らの資料を遺すための部署」という認識があるのだろうか?関連するデータを便利に使えるようにすることだけがアーカイブではないはずだ。なにより自らの組織の意思決定の過程を示すオリジナルの資料を遺してもらいたい。人間はいくつもの組織にからまって生きているのだから、それぞれがアーカイブを残すことで文化もきちんと継承されてゆくことだろう。

また、「人の気持ち」も大切である。現地にボランティアで入る人たちの気持ち、とくに若い世代の人達の気持ちが大事に育てられるようにしなければならない。世界的な視野で資料保存を顧みると、一九六六年イタリア・フローレンスでの大洪水により被災した大量の美術品や歴史資料を救うために、世界中から多数のコンサバター（保存修復専門家）やサイエンティストが救援にかけつけ保存処置をした。それが、資料保存という理念を構築する大きな契機となった。その際、お互いの共通認識が必要だという教訓から現代のマスコンサベーション、つまり大量の資料を段階的にメンテナンスしていくという基本的な考え方が構築されてきたのだと先輩諸氏から聞いている。我々は阪神淡路大震災や今回の東日本大震災での文化財レスキューを経験して、何かこうあるべきという法則を若い世代に伝えていけるのだろうか。いやいや、まだまだかもしれないが、まずは自分たち自身が納得できることを一緒にやっていくしかないかな、と被災地での作業を終えて皆と飲みながらそう感じていた。

第5章
紀伊半島大水害と資料の救出

藤　隆宏

和歌山県では、二〇一一年八月末に発生した台風一二号により、九月三日、四日と特に南部で記録的な豪雨となり、主要河川が氾濫した。死者・行方不明者六一人、建物全半壊二二一三、住宅床上浸水二六八〇にのぼった。「和歌山県豪雨被害歴史資料保全対策連絡協議会（略称：歴史資料保全ネット・わかやま）」は、この「紀伊半島大水害」によって被災した資料の救出、保全の活動を行った。

1．和歌山大学とボランティア団体の活動

二〇一一年九月九日と二十二日、和歌山市在住・在勤の歴史研究者や文化財担当者、歴史資料保存利用機関職員らが会合した。和歌山大学では、紀州経済史文化史研究所（和大紀州研）に「和歌山県豪雨被害歴史資料保全対策プロジェクト（和大プロジェクト）」が二〇一一年度限りの事業として予算化・設置されることが英断された。しかし、その他の公的機関では対応がかなり限定的となることが判明したため、個人が参加するボランティア団体として「歴史資料保全ネット・わかやま」を発足させ、和大プロジェクトと共同して救出・保全活動を行っていくことが決まった。

両団体の役割を大まかに分けると、歴史資料保全ネット・わかやまは民間ボランティア団体として作業人員を提供し、和大プロジェクトは公的な対外窓口となり、また被災資料の保管場所や作業場所を提供した。

実際の活動は、歴史資料保全ネット・わかやまの世話人七人のうち、誰かの休日に活動日を設定、メーリングリスト（ＭＬ）によって告知し、当日参加できる人が作業を行った。ＭＬメンバーは二〇一三年九月現在で三七人である。大学教員等歴史

研究者・地方自治体文化財担当者・博物館や文書館の職員等によって構成されている。活動資金はカンパによっており、発足以来三四万円余の収入があったが、うち多くは神戸大学に事務所を置く「歴史資料ネットワーク（史料ネット）」からの援助である。それらの資金は調査・レスキューの際の資材の購入や移動費、保全・補修作業の器具や消耗品の購入に充てられた。

これと別に、和大プロジェクトの予算により、公開フォーラム「地震・津波・洪水と文化財」の開催（二〇一二年二月十九日）や両団体の活動報告書『地震・津波・洪水と文化財』（和大紀州研、同年三月）の刊行が実現した。

2. 被災資料の救出と修復

被災地での調査・レスキュー活動は、九月末から十一月初旬の間に七回実施した。主に公的機関を訪問し、被災資料の保存を呼びかけるチラシを配布するとともに各機関が所蔵している文書、あるいは所在を把握している資料等の現状を確認した。被災資料が見つかったときにはエタノール消毒等を施してカビを防いだ。公的機関

被災公文書のエタノール消毒
（2011年11月7日　新宮市熊野川総合開発センター）

の管理下にあった文書や民具の被災が多く確認され、中には放置されたままであったり、すでに廃棄されたものもあった。これらの被災については報道されておらず、実際に現地を訪ねる必要性を痛感した。民間所在資料については、従来知られている旧家は被災を免れたようだが、独自の調査はできなかった。

また、被災した学校公文書や、被災地で掘り起こされたまま保存されていた「思い出品」を和大紀州研が預かり、両団体共同でクリーニング等の保全を行うこととなった。そこには仏像も含まれていたが、ほとんどが文集、卒業アルバムやノートなど個人の思い出の

クリーニング作業（2011年12月23日　和歌山大学）

品というべきものである。これを広義の地域歴史資料ととらえ、協力を申し出たのである。

　保全・補修作業は、十月三十日から二〇一二年三月三十一日までの間、土日祝日を中心に和歌山大学で行った。主に乾燥・泥落としの作業である。また、通常の文化財修復ではあり得ないことだが、「思い出品」については、繕い・裏打ち等の簡易補修も施した。メンバーに修復の専門家はいないが、持ち主に手に取って使用してもらえるよう、あるいは、思い出の「モノ」として身近に置いてもらえるように、少々の形態変更や長期保存には必ずしも良くないことは承知の上で、見た目をき

泥おとし作業（2011年11月23日　和歌山大学）

れいにすることが重要であると考えての処置であった。しかし、被災後かなりの期間放置されていたため、カビが発生したり固着したりして、すでに修理不可能なものもあり、残念な思いをした。

作業を終えた被災資料は、それぞれ那智勝浦町、学校へ返却した。

「思い出品」は、返却後、他団体によって保全された写真などと合わせて被災地の小学校で展示され、持ち主が見つかったものは返却された。持ち主が見つからなかったものは、二〇一二年四月二十八日から六月三日まで開催された和歌山県立博物館特別展「災害と文化財――歴史を語る文化財の保全

――」で展示され、現在、仏像は同館、その他のアルバムなどは和大紀州研に保存されている。

3．二つの課題

ネットワークは普段から　台風被害後、団体立ち上げまでに二十日、最初の調査・救出活動までに約一カ月を要するなど、初動の遅れにより、救出活動が限定され、保全・修復が手遅れになった資料があったことは否めない。これまで和歌山県では、地域的な歴史資料保存のネットワークが未組織であったからである。ただし、ささやかながらもレスキューができたのは、台風に先立つ二〇一一年八月に奥村弘代表をはじめとする史料ネットメンバーが和歌山に来て、懇談会が開催され、その出席者名簿があったからである。水害後最初の会合は同懇談会の出席者を中心として行ったものである。史料ネットメンバーの来和がなかったとしたら、前述の活動すら行い得なかっただろう。

このような経験にもとづき、和歌山県をはじめいずれの地域においても、災害時の連絡網だけは最低限作っておくことが必要であると考える。歴史資料保存利用機関の職員同士は普段から仕事上の繋がりがあるので、関係者名簿を作成しておけば、災害発生後の初動が少しでも早くなることは間違いない。

既存の組織がある場合は、次の災害に備え、組織を存続・拡大させておくことが課題となる。歴史資料保全ネット・わかやまについていえば、今回の水害では局地的に発生したために比較的少人数で活動できたが、大規模災害が発生した場合には、より多くの人員が必要となり、また、公務員である現メンバーの多くは他の支援業務に動員され、ボランティア活動への参加は不可能になる。被災資料救出・保全に係る作業のほとんどは、特に専門的な技術が必要なものではない。歴史資料の「専門家」に限らず、広く理解者・協力者を得ておくことが必要である。

公的機関との役割分担と「場」の必要性　本水害への対応についての検証がなされるにつれて、公的機関の考え方も変化し、被災した民間所在資料・未指定文化財への対応についても、公的機関の「業務」として認められる範囲は拡大しつつあるようである。とはいえ、上述の活動が全て公的機関だけで行われるようになることはない。今後は、公的機関の活動可能範囲およびボランティアとの役割分担を明確にしておくことが求められる。

最大の問題は、被災資料の受入れや諸活動の対外窓口と資料を置いたり補修などの作業をするスペースとしての「場」の確保を、公的機関が引き受けるかどうかという点であろう。

公的機関が窓口であると被災者は安心して任せてくれるが、地方自治体の協力を得るのはかなり困難なことである。また保管場所・作業スペースについても、県・市町村ともに歴史資料保存利用機関の余裕はほとんどないのが現実であろう。現在のところ、和歌山県内では、和大紀州研で引き受ける用意があるようだが、そのほかの「場」をいくつ想定しておくことができるかを常に模索する必要がある。

参考文献

和歌山県立博物館特別展図録『災害と文化財』（同館友の会、二〇一二年四月）
藤本清二郎・前田正明・藤隆宏「台風一二号に伴う和歌山県内における被災資料の救出・保全活動について（中間報告）」（大阪歴史学会編『ヒストリア』第二二九号、二〇一一年十二月）
同「同（最終報告）」（『同』第二三一号、二〇一二年四月）
歴史資料保全ネット・わかやま「台風一二号に伴う被災資料の救出・保全活動について（報告）」（『和歌山地方史研究』第六二号、同年三月）

第6章

除染する前にさわってはいけない
――放射能汚染文書の除染マニュアル

小川千代子

東日本大震災の場合、文書・資料の被害は水濡れやドロよごれだけではなかった。地震と津波は福島原発でメルトダウンをひきおこし、人も物も含め、環境全体がメルトダウンにより放射能に汚染された。放射能はチリのように降りつもり汚染する。放射能汚染は屋内にも及ぶ。書庫内の文書の上にも放射能のチリは降りつもるのだが、それは目に見えない。言うまでもなく、文書は文書館だけでなく、市役所や家庭でも日常的に使用される。市役所などではすぐ明日にも役所の業務として使用しなければならないものもある。文書が被曝するとはどういうことなのか、被曝した文書を扱うと何がおこるのか、私たちには考えもつかない。文書類は、放射能に汚染されてどのような影響をうけるのか。紙の専門家上埜武夫氏の報告から抜粋してみよう。

紙は放射線照射によって強度が低下するが、原発事故による放射性物質からの放射線量程度では影響をうけない。（問題は、）放射線物質に汚染された公文書館等で、汚染されたアーカイブを日常的に取り扱うスタッフや利用するユーザーに危険があるよということです。（中略）影響を受けた公文書館員や地域住民の放射線量の測定（中略）が必要である。（そして）施設や公文書等に暫定基準を超える放射能汚染があった場合、適切な除染処置を実施することが大事である。（上埜武夫報告「大規模自然災害時の資料保全論を基礎とした地域歴史資料学の構築」二〇一二）

上埜氏はこのように警告している。

市役所の公文書がこうした被曝を受けていても、文書を使用しないというわけにはいかない。市民の日常に関わる文書で今日も明日もその綴りを開かなければならない市役所ではどうすればよいのか。そもそも汚染された文書を除染する方法というのがあるのか。

一九八六年のチェルノブイリ原子力発電所の事故ののち、ユネスコで七〇ほどの「チェルノブイリ・プログラム」が立ち上げられた。その当時に配布されたと思われる"Situation of the Archives In the Union of Soviet Socialist Republics After the Disaster of Chernobyl"(Serial No. FMR/CII/PGI/91/)というファイルがある。ここには、汚染文書の除染マニュアルが記されている。それを読むと手順さえ間違えなければ、私たちにとって手に届かない作業ではなく、むしろ誰でもその気になればやれそうなことである。福島で同じような状況にある多くの人たちにこれを知らせる必要があると考え、英語を訳した。以下、簡単にまとめてみる。

アーカイブとか文書・資料は棚などに置かれているが、そこに埃が積もる。放射性物質は塵のようなもので空気中に漂っている。それが落ちてきて置かれた文書に積もる。除染というのはその放射能をもった塵を払う、拭き取るという方法で、文書の表面から汚染の元である塵を取り除くことである。塵の除去

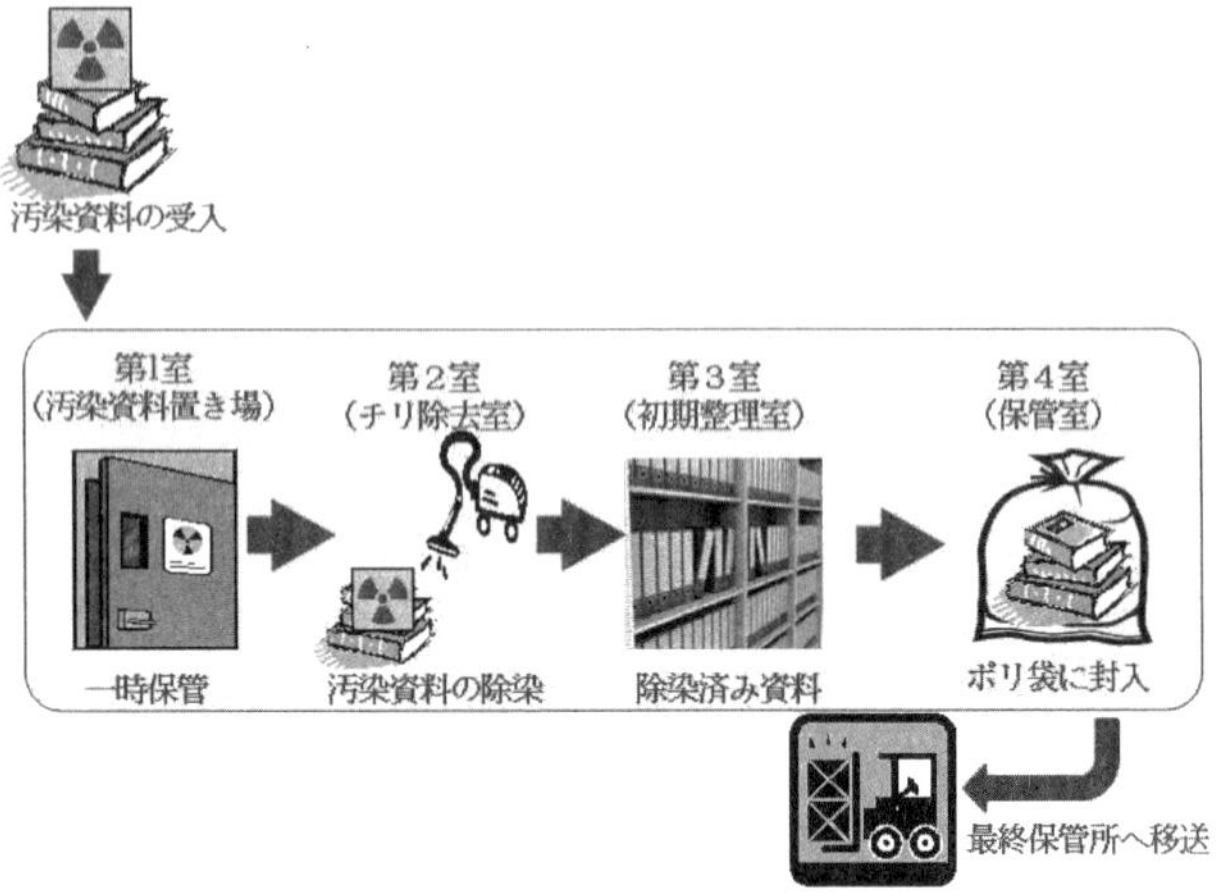

放射能除染チャート

は、布製あるいは紙製の使い捨てゴミ取りカセットつきの電気掃除機によって文書の上の塵を吸い取るという方法を用いる。それだけのことであるが、吸い取って集めた放射性物資を隔離して外へ出ないようにすること、これが大切である。

ユネスコのマニュアルに従って順に示す。

1. まず、資料・文書の汚染状態の測定。汚染資料はポリ袋に入れて隔離する。
2. このポリ袋入り汚染文書を集中管理する部屋をつくる（第一室）。
3. 第一室に続く第二室を準備し、ここでポリ袋入りの汚染文書を取り出して、掃除機によって除染作業をする。ゴミパックはこまめに取り替え、密閉容器にこのゴミパックを入れて管理する。汚染文書の入っていたポリ袋も一緒に密閉容器に入れる。

4．第三室に除染が終わった文書を移す。ここで元の配置順、使える順に並べ直しの作業をする。

5．第四室では、並び直した文書を再びきれいなポリ袋に入れて搬出の準備をする。

6．きれいになった文書をきれいなポリ袋にいれ、幌のついたトラックに乗せて最終の保管場所へ持って行く。

理論は単純であるが、とにかく汚染したものとしていないものを物理的に隔離することにより確実に分けることが重要なのである。そのためには、手間を惜しまないことである。

しかし、3．のところで密閉容器に入れた汚染物質はどうなるかという問題は残こる。これは、放射性廃棄物の処分施設へ持って行くとマニュアルにはあるが、適切な廃棄処分施設は日本にあるのか。原子力のシステムが開発されてから、ずっと問題となっていることがらである。

コラム Column

公害・環境問題のアーカイブとボランティア

公害は近代文明が生み出した最大の負の経験であり、二一世紀に解決すべき大きな課題である。このような負の遺産であるため長年、公害に関する記録を残すことは考えられてこなかった。しかし、公害の防止、公害を生まない社会システムの変革、被害に対する認識という課題に取り組むためには、これまでの記録をまず残しておいて、それをもとに一つずつ解決していく必要がある。

これまで保存すべきであると気づかれなかった、あるいはむしろ早くそこから逃れたいとされた公害資料であるため、すでに廃棄されたり、散逸の危機にある場合が多い。これらの資料情報を共有するために二〇〇二年七月に四日市で「公害・環境問題資料の保存・活用ネットワーク」のシンポジウムが開かれた。その後、公害に関する資料の重要性が少しずつ認知されて、今では各地に資料館が設けられ、市民の学習の場となり、講演会やシンポジウムも盛んに行われるようになった。これらのアーカイブとその後の活動について紹介する。

新潟水俣病の資料館　一九九五年に新潟水俣病二次裁判が終わり、昭和電工の協力金によ

四日市市資料館の開館を予告するパンフレット

って新潟水俣病資料館の設立を計画、二〇〇一年「新潟県立環境と人間ふれあい館」が開館した。その間、裁判の当事者ではない被害者たちから「寝た子を起こすな」という気持ち、水俣病という負の名前を使用してほしくないという意見などの反発もあり、受け止め方はさまざまに揺れた。しかし、水俣病を通して人と自然環境、人権、暮らしを総合的に見つめること、「なぜ被害を受けたものが肩身の狭い思いをしなければならないのか」「現場（阿賀野川、水俣病患者）は偉大な教師である」という考えに到達した。開館から二〇一一年までの来館者は三九万人を越えた（平成二十三年度の同館HPより）。館では患者が語り部となってこれらの経験を伝えて続けている。

様々な資料形態――四日市公害資料　一九八八年～二〇〇八年に刊行された『四日市市史』の編

集過程で四日市公害資料が整理された。その中でも個人提供の一二箱の資料が中心でその目録を見ると公害資料とはどんなものであるかがよくわかる。作成者がさまざまであること、目的もそれぞれちがい、形態もチラシあり刊行物の抜き刷りあり、スライドありというようにさまざまである。収集にも手間と時間、根気が必要であっただろう。また整理するのに手間取り、多くの人の協力と時間をかけて閲覧・利用できるようにされる。現在ではこれらの資料を使って公害学習も連続して行われている。四日市市では「四日市公害と環境未来館」の設置を目指している。

大阪西淀川公害裁判資料の保存　西淀川の資料からは都市型公害裁判とはどのようなものかを知ることができる。西淀川の「あおぞら財団」は、一九九八年から本格的な資料整理をはじめた。二〇〇六年には「西淀川・公害と環境資料館」（エコミューズ）を設立し、この場所に集って様々の活動をしている。膨大な裁判資料・公害資料の整理については「ボランティア隊」を常に募集して進めた。現在では、公害裁判記録二六六冊がエコミューズに開架され、全訴訟記録を見ることができる。

公害資料館のネットワーク　このように各地に資料館が設置されているが、利用者が増えないという悩みがあった。その解決にむけて、あおぞら財団の林美帆さんはいくつもの試みを行っている。

「公害地域の今を伝える　イタイイタイ病の地を訪ねて」汚染の原因となった神岡鉱業株式会社へのヒアリング　（2009年8月岐阜県飛騨市）

資料整理をすると資料の内容が見えてくる。それらの資料をつかってより公害解決の実感がある展示を工夫した。さらに、実際の公害を知るためにスタディツアー「公害地域の今を伝える」を企画した。多くのボランティアの協力を得て、募集した大学生や教員とともに各公害の現地を訪れ見学し、問題意識をもって被害者や公害の原因企業に質問・ヒアリングを繰り返す。そして参加者それぞれがレポートをまとめる。

このツアーは、公害を実感としてとらえられていない若い世代、公害＝悲惨とだけとらえていた被害者、教育の現場で公害をどう伝えるか苦慮していた教員に新たな展望を開いた。

さらにこの企画は、それぞれの被害地の

人たちは他の公害地の現状を知らないこともわかった。公害はそれぞれ全く違った顔をもっている。この活動を通じて二〇一三年から公害資料館ネットワークが始まった。「公害は地域の問題であるだけでなく、全国の全市民の問題である」と熱く語る林さんは、ここに紹介できなかった多くの実践を続けている。

（大西　愛）

大西愛「公害・環境問題の資料」『アーカイブ事典』（大阪大学出版会、二〇〇七）の記述を大幅に変更した。加筆にあたって林美帆さんから多くの助言を得た。記して感謝します。

第Ⅱ部

海外のアーカイブとボランティア活動

第7章　ジュネーブ市文書館の歴史と活動

ディディエ・グランジュ

ジュネーブは、一八一五年以前はスイスにもフランスにも属しない独立した州国であった。一時フランスに併合されたこともあったが、一八一五年にスイス国に参加し、一八四二年に、自治権をもつジュネーブ市が誕生した。ジュネーブ州の中には四〇余の市町村があり、ジュネーブ市は州都である。ジュネーブ市文書館の最初の公文書は、市ができた一八四二年の市会議事録である。しかし、公文書の数は多くはない。

一九七〇年に市民から市の文書を管理することおよび資料へのアクセスの権利を

ジュネーブ市文書館（2010.8）

要求されたので、市議会は資料閲覧を許可するためにはどうすればいいか、歴史学者に調査と研究を委託した。そして市のアーカイブを一カ所に集め、市の中心にあるエイナール宮をそのスペースとし、マダム・トリベットがアーキビストとして就任、一九八六年に文書館が開館した。これまで公文書を保存はしていたが、どのような方法でするか規程ははっきりしていなかった。というのは、ジュネーブの文書はスイス国が責任をもつのか、州が持つのか、市がするのかが明確でなかったからである。現在、文書館には、国から移管された文書の名前を記録した長いリストが残っているが、その中に書かれている文書の多くはすでに紛失している。

一九八六年に開館ののち文書館は市の組織のなかで重要な位置に配置され、公文書が適切に保存されるようにシステム化された。また、これまで個人文書は収集の対象としていなかったが、それぞれの家で世襲されて大切に保護されてきた資料は何度かにわたって受贈された。公文書だけでは市が行ってきた仕事を十分に把握できないとき、私文書によって市の活動や事務的サービスの状況を補完し、過去の記憶をいきいきとイメージできるのである。さらに個人や団体・会社からきたドキュメントは地方のあまり知られていない生活を例証するのに役立つし、すでに明らかになっている公的資料とは違った側面を照らすのに役立っている。

資料の種類としては、公文書に加えて都市計画図や建築図面、ビデオ、フィルム、音声ドキュメントもある。いずれも市当局や市のサービス機関や個人、団体、会社からきたものもある。

現在では市民のアクセスに加えて市行政内部からの文書・記録の要請も多くなってきている。文書館のスタッフは三名であるが、市当局で公文書を扱う職員に対して助言をしていくこともあり、また逆に市職員が文書館に協力していくこともある。

アーカイブの対象を広げることによる大きな問題は作業の増加とスペースの確保である。資料へのアクセス、問い合わせが増えてきたので、一九九五年には大々的

ジュネーブ市文書館エイナール宮玄関（2010.8）

な展示会を行った。マスコミの注目も浴び人々はますます文書館に関心をもったので文書館に足を運ぶことが増え、一九九六年にはその数はピークになった。

ますますの情報開示が必要となり、インターネットのウエブサイトを開いた。これを少人数のスタッフが管理することは大変むずかしいので、学生や、兵役に就かなかった人がその代わりに市の活動に参加することもなされているので、彼らに手伝ってもらっている。

ジュネーブ市では年に五回市民に広報誌を配布しているが、そこに文書館の情報を掲載していて、これは大変有効である。

資料は増え続け、二〇〇九年には州内各地の三カ所に新別館をつくり、設備も整った。あと十五年間の収納は保証されている。中心となる事務所や閲覧室、選別室は、市中心にある豪華な設備のエイナール宮に置かれている。

ディディエ・グランジュ他　La mémoire　locale d'une ville international : les Archives de la Ville de Genève (*Archives*, VOLUME 42, NUMÉRO 1, 2010-2011) より部分訳（訳：大西愛)。また、ディディエ・グランジェ「ジュネーブ市立公文書館――新しい組織の起源と発見――」（『アーカイブズ』二四号、国立公文書館、平成十八年）を参考とした。

コラム
Column

イギリス国立公文書館　アーカイブ友の会
Public Record Office

一九九七年、英国エジンバラでＩＣＡ（国際文書館評議会）の円卓会議が開催された時のこと。良い機会なので、ロンドンにあるＰＲＯ（Public Record Office：名称は当時のもの）を見学することにした。当時ＰＲＯの保存部長で、ＩＣＡでも活躍していたヘレン・フォード氏を訪ねて、ロンドン郊外キューガーデン近くのＰＲＯに出向いた。

日本から同道してくださった水口政次氏（当時東京都公文書館）とともに、折からサバティカルで英国滞在中であった松尾正人氏（中央大学教授）や調査のためロンドン滞在中だった安藤正人氏（学習院大学教授、当時は国立史料館）とＰＲＯのカフェテリアで挨拶した。その日は確か夕食をともにしたように記憶する。

フォード氏はその日一日、私の訪問に付き合ってくれた。朝十時すぎから昼ごろまで、ゆっくりとＰＲＯの館内を案内し、説明をしてくれただけでなく、保存部の作業室では、作業のやり方を具体的に示してくれた。その時、

「ＰＲＯには友の会があるのよ。退職して時間にゆとりのある人がメンバーでね。保存

処置をする前に、クリーニング（ホコリを払う）やシワ伸ばしのような、単純だけど時間と人手が必要な作業は、友の会のメンバーに頼んでいる。なかなか有効です。」

という話を聞いた。

考えてみれば、資料保存の作業は、処置対象の資料を処置できるようにホコリやゴミを取り除いたり、綴じを外す場合には綴じてあった紙一枚ずつに連番を記入するなど、特別な熟練技術を要するわけではないにせよ、相当に手間暇を要する準備作業を施した後に、ようやく紙を補強したり繕うなどの「修復処置」が行われるのが普通だ。その準備作業を、「友の会」のメンバーにお願いしているというところは、とても新鮮に聞こえた。

もうそろそろ二〇年近く昔のことなので記憶違いがあるかもしれないが、ヘレン・フォード氏はこんなことを言っていたように思う。

「友の会メンバーの人たちはね、利用者が手にする前に資料のホンモノを見たり触ったりすることができる。もちろん、研修を受けてもらって、仕事上で知り得た資料の内容を漏らさないことなど、知ってもらっている。ボランティアだから、館側もお金はかからない。」

そういえば以前、奈良の法隆寺を観光で訪れた時、同道の友人の昔の同級生という方が、全くの無償でそのあたりの観光案内をしてくださったことがあった。お手製の観光案内資料を開発し、それを見ながら熱心に観光案内をしてくださったその人は、とても若々しくて、楽しそうで、羨ましいような健康そのものの様子に見えた。ＰＲＯにも、あんな若々しいシニア集団が時々現れるのだろう。二〇〇三年に The National Archives（略称：ＮＡＵＫ）と名前を変えた今のイギリス国立公文書館、今でも友の会が健在であることを祈りたい。

（小川千代子）

第8章

第一世界大戦時の捕虜カード
——赤十字国際委員会の仕事

大西　愛

赤十字国際委員会（ＣＩＣＲ）は、戦争時における人道的活動を行う国際機関で、一八六三年に五人の委員によって始められた。設立されて五十年後には国境を越えた国々の信頼を得て多くの国の参加・協力社がふえていた。現在では、全世界に一八五の赤十字社がある。

赤十字国際委員会が発行した小冊子『戦時捕虜の国際連絡事務所——第一次世界大戦下の赤十字国際委員会（赤十字国際博物館　二〇〇七）』（次頁の写真）を参照して、同委員会が行った第一次世界大戦時の捕虜や行方不明の人たちの情報を国境を越えて集め、家族につなぐスケールの大きな仕事について紹介しよう。

第一次世界大戦時の一九一四年に赤十字国際委員会はジュネーブに戦時捕虜の国際連絡事務所（ＡＩＰＧ）を開設した。

『L'AGENCE INTERNATIONALE DES PRISONNIERS de GUERRE, Le CICR dans la Première Guerre mondiale（戦時捕虜の国際連絡事務所―第一次世界大戦下の赤十字国際委員会）』の表紙（以下、本章の写真はすべて、この小冊子から転載した。）

役目は、戦争のために別れ別れになった戦争捕虜と家族の絆を取り戻すことである。この戦争では七〇〇万の兵隊たちが捕虜となった。敵地に居た市民の数は数え切れない。他の一〇〇〇万人は占領地に赴いて戦い、あるいは逃れていった地が占領された。

ＡＩＰＧでは、参戦国のすべてにその国に捕虜となっている人の個人情報リスト（左頁写真）を請求した。行方不明者については出身地の近い人に質問して回答を得たり、捕虜や家族に聞き取り、国ごとにそれぞれ軍隊名のインデックスをつくったりした。

捕虜の個人リスト

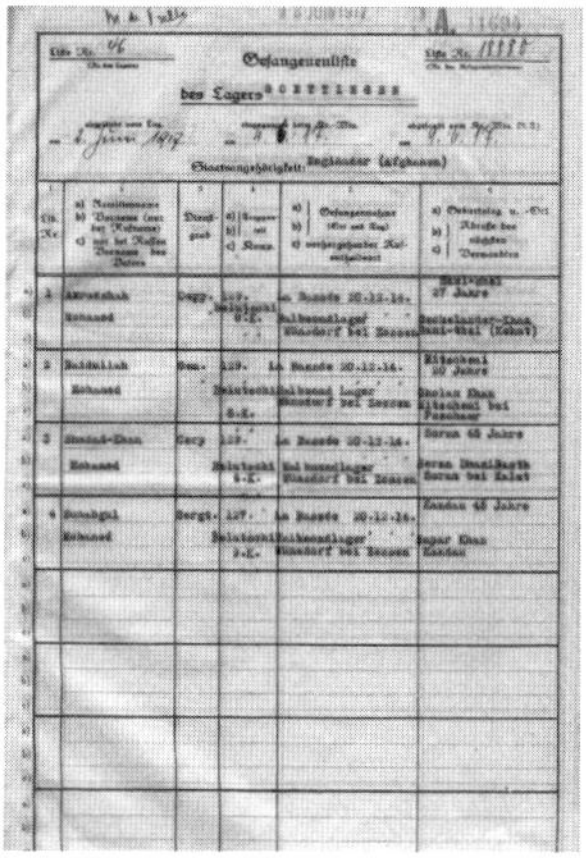

リストの１頁

一九一四年八月にドイツが戦争を宣言して、中国や太平洋での戦場で、多くのドイツ兵が日本で捕虜となった。次頁写真にあるように日本帝国俘虜情報局が印刷したドイツ兵捕虜のリストもＡＩＰＧに残されている。

このようにして集められたリストには一四の国（ベルギー、イギリス、イタリア、ギリシャ、アメリカ、ブラジル、ポルトガル、セルビア、ルーマニア、ロシア、ドイツ、ブ

1

將校並同相當者
Offiziere u. die denen Gleichgestellten

日本の名簿の１頁

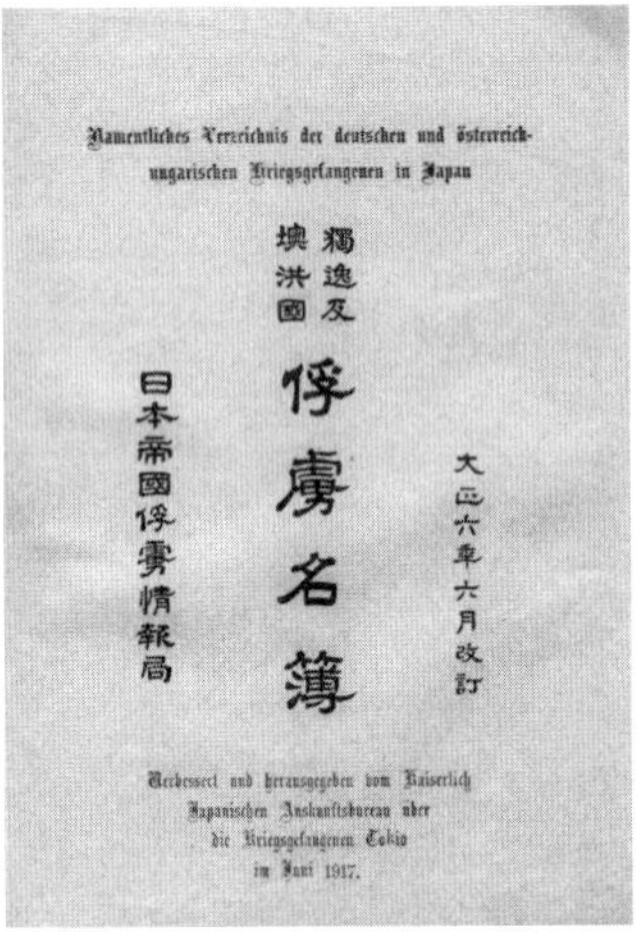

Namentliches Verzeichnis der deutschen und österreich-ungarischen Kriegsgefangenen in Japan

獨逸及墺洪國

俘虜名簿

日本帝國俘虜情報局

大正六年六月改訂

Verbessert und herausgegeben vom Kaiserlich Japanischen Auskunftsbureau über die Kriegsgefangenen Tokio im Juni 1917.

日本から送られた捕虜のリスト

ルガリア、トルコ、オーストリア・ハンガリア）の人々の名前が記録されている。

このリストにより、照合しやすいようにいくつかの作業がなされた。リストの複製そして個人別カードの作成である。次頁上の写真は一〇〇人のタイピストがカードを作成している様子である。カードには軍人の階級や健康状況、家族について記されている（次頁下）。亡くなった人についてはその仲間から戦死者のことを聞き取ってカードを完成する。またどんな身分であれ同じ条件で書かれている。たとえば一九一六年にドイツのヴェルダンでドイツ側の手に

カードを作成するタイピスト

落ちたシャルル・ドゴール大尉のカードもあるし、一般の名の知られていない人も同様の一枚のカードである。これらを、国別のセクションにわける。フランス・ベルギーセクションでは二五〇万枚の個人別カードがあり、問い合わせに対しては四〇人がこれに対応していた（次頁上）。次頁下の写真右はオーストリア・ハンガリーに拘束されたルーマニア人

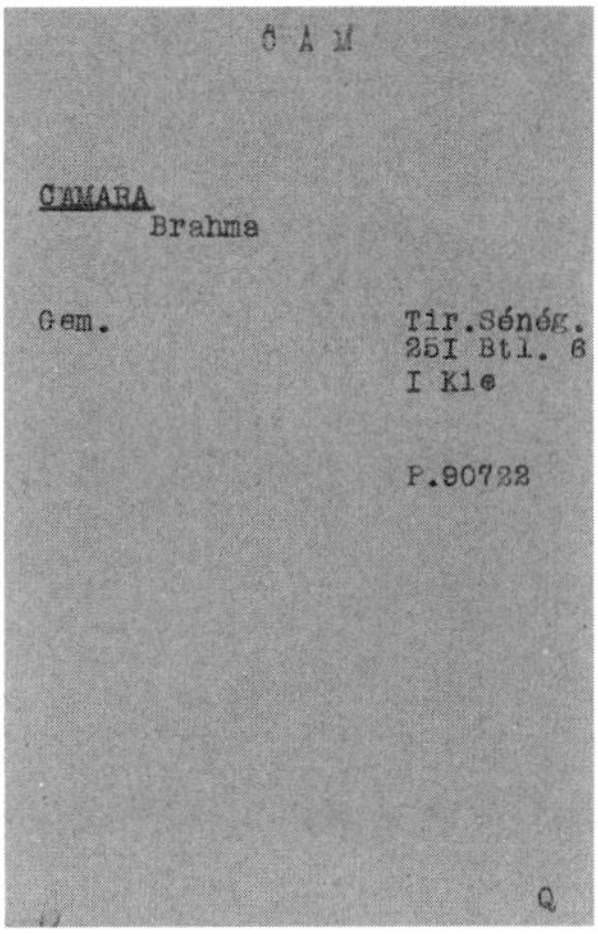

C A M

CAMARA
Brahma

Gem.

Tir.Sénég.
25I Btl. 6
I Kle

P.90722

Q

カード

問い合わせに対応する職員

COMITÉ INTERNATIONAL DE LA CROIX-ROUGE
GENÈVE
AGENCE INTERNATIONALE DES PRISONNIERS DE GUERRE

DÉCÈS - TODESFALL

死亡通知

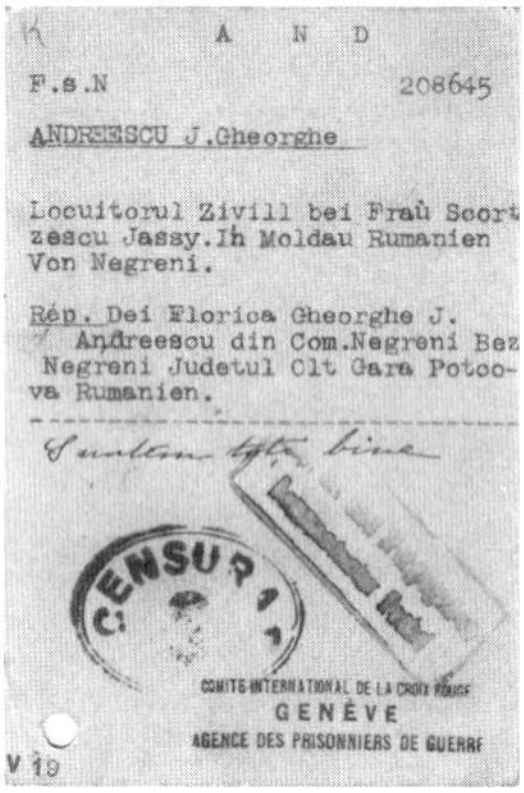

A N D

F.s.N 208645

ANDREESCU J.Gheorghe

Locuitorul Zivill bei Fraù Scort
zescu Jassy.Ih Moldau Rumanien
Von Negreni.

Rép. Dei Florica Gheorghe J.
Andreescu din Com.Negreni Bez
Negreni Judetul Olt Gara Potco-
va Rumanien.

CENSURA

COMITÉ INTERNATIONAL DE LA CROIX-ROUGE
GENÈVE
AGENCE DES PRISONNIERS DE GUERRE

V 19

妻から夫へのメッセージ

カードを整理する職員

の妻が夫に当てて送ったメッセージ。夫はルーマニアで自由の身になっている。また右頁下の写真左は、ドイツ、ダルムシュタット捕虜収容キャンプからＡＩＰＧに送られた、拘束中に死んだアルジェリア人の死亡通知である。

カード数は、二〇〇〇万人の捕虜の資料を含む六〇〇〇万枚が残されている。

これらの豊富な資料は、とらわれた人や捕虜として生きた人の家族の歴史を知る系図学や社会学を調査するためにも価値ある原資料となるし、国際関係を学ぶための新しい展望を開くこともできると思われる。その後におこった第二次世界大戦やアルジェリア戦争やルワンダの大虐殺といった、現代の争いを解決に向ける方法を考える手がかりを私たちに

カードとカードボックス

与えてくれるのは、このアーカイブであるとこの冊子は語っている。

これらのカード等は、現在、ジュネーブの赤十字赤新月博物館（次頁コラム参照）に展示されている。捕虜の家族から問い合わせがあったとき係員はどのように照合したか。そしてわかった情報を家族に知らせる手順などがわかりやすく解説され、複製カードによって検索を経験してみることもできるように工夫されている。展示資料のボリュームを見ただけでも入館者は大きなインパクトを受け、世界に起こったこの事件の大きさを象徴する展示物となっている。

コラム Column

赤十字赤新月博物館にて

二〇一三年八月二十九日午後、赤十字赤新月博物館を見学した。三年ぶりの見学だった。二〇一一年以来の改築工事が終わり、展示も新しくなっていた。受付には日本人スタッフがいた。

入館料には、各国語の説明を音声で聞かせるヘッドセットが含まれている。このヘッドセットなしでは、新しい展示を理解するのはちょっとむつかしい、と受付の日本人スタッフが助言してくれたのは、とてもありがたかった。

日本では、赤十字社というが、世界的には赤十字赤新月社という。十字がキリスト教をイメージさせるという理由でイスラム教国では赤新月が用いられる。次ページの写真にあるような十と三日月のマーク✚☾で表されている。

さて、この赤十字赤新月博物館の展示資料の目玉は、なんといっても第一次世界大戦中の戦争捕虜の個人名を記したカードの群れだ。世界遺産に登録されているこの資料は、以前と同じくガラスケースに収められていた。但し、今回の展示替えにより、この捕虜カードの複製が準備され、見学者が自由に複製カードを手に取ることができるようになっていた。複製

外壁が鏡になっている博物館入口で、2013年8月29日。

とはいえ、実物そっくりにできているカードを実際に手に取り、行方不明のハンスだかウィリアムだかが、捕虜カードの中にあるのかどうかを探すという模擬探索体験ができる。

備えつけのイスに腰をおろして「体験」した。最初のうちは「こんなこと、昔の図書カード時代の図書館でもやってたな」というほどの軽い気持ちでカードを繰っていた。だが、そのハンスのカードがなかなか見つからない。一枚、また一枚と探している捕虜カードが減っていくに従い、もしかしたら結局ハンスは見つからないのではないかという焦燥感に駆られ始めた。その時、ハンスが見ず知らずのハンスではなくもし肉親だったら、恋人だったらどんな気持ちになるのだろうか、という思いが私の心をよぎった。その思いがきっかけで引きずり出されてきた、探そうとする人への思いと、見つかって欲しいと願う切なさ、見つからなかったらどうしようかと思う恐ろしさで、私は身がすくんだ。疑似体験なのに……。

日本なら、さしずめ「岸壁の母」の思いだろうか。あまたあるカードのなかのたった一枚が、肉親の手がかりそのものだという実感、いや疑似体験なのだけれども、なんだか涙が出そうになってきた。ちょっと見るだけのつもりだったのに、その疑似体験展示で過ごした時間は思いのほか長引いてしまった。

だが、もっと印象深かったのは赤十字国際委員会（ＩＣＲＣ）の反省とお詫びの展示。「赤十字は、一九三〇〜四〇年頃のユダヤ人対応のあり方が間違いだった」とする展示があった。日本では、こういう息の長い検討や反省がなかなか見られそうもない。例えば、人道的考えから上部命令に反してユダヤ人にビザを発給したことで外務省を追われた杉原千畝氏の行動の評価は、当時と現在では全く変わった。社会の変化は確かに杉原氏への評価を変えた。これは時の経過がもたらす変化が人道と人権に沿って動いた事例だと思う。日本人として、今は杉原氏という人の存在を誇りとすることができるのは、幸せだ。しかし、氏への評価の変更を明確に政府側は明らかにしただろうか。杉原氏の名誉は正式に回復されたのだろうか。

赤十字博物館の展示のごとく、長期的な反省と謝罪による人道と人権尊重の社会がこれからも続きますように。

（小川千代子）

第9章 国際連合のアーカイブ

小川　千代子

世界各国とも国立公文書館を設けていることは、周知のことであろう。企業や大学が文書館を設置することも、同様に関係者の間では知られている。最近では、（公）文書館と呼ばれる機関が、実際にはその国の政府の文書管理システムに深くかかわる役所としての性格を帯びていることも、少しずつ浸透してきたように思う。

ところで国際文書館評議会（略称ＩＣＡ）が設置するセクション（部会）のひとつに「国際機関のアーカイブ部会」がある。ここにはユネスコ・アーカイブ、国連アーカイブをはじめとする、さまざまな国際機関のアーカイブが名前を連ねている。

国際機関は複数の国が協力してひとつの組織を運営する。利害対立や文化・慣習・言語などの多様性を前提として、それらをまとめあげ、情報の共有を基盤に組織が運営される。国際機関は国のように民族や言語、歴史、文化などの共通基盤の前提を持たない。その意味では極めて人工的な組織といえる。そのような人工的な環境の中で、情報共有を短期・長期にどのように実施するかは、国際機関ならではの特色ある課題であろう。ここでは国連本部と国連ジュネーブ事務所のアーカイブについて述べてみたい。

国連のアーカイブの概要把握のため、まずホームページを見た。アーカイブは国連システム全体から見ればほんの小指の先ほどの小さな組織だと思われるのだが、そのホームページの情報量の多いことには驚かされた。ホームページからプリントアウトを取るには、ＵＲＬや文脈情報の記録を付加するなどが必要となる。大量になったプリントを適切に編集するのも、結構な作業である。結果、国連の文書事務の手引書をまるごとコピーしたようだ。都合三日かけて約千枚の紙を使ってようやく国連全体の体系と関連性が見えた。パソコンの閲覧だけではこれがイメージできない。

1．ニューヨーク国連本部のアーカイブ調査

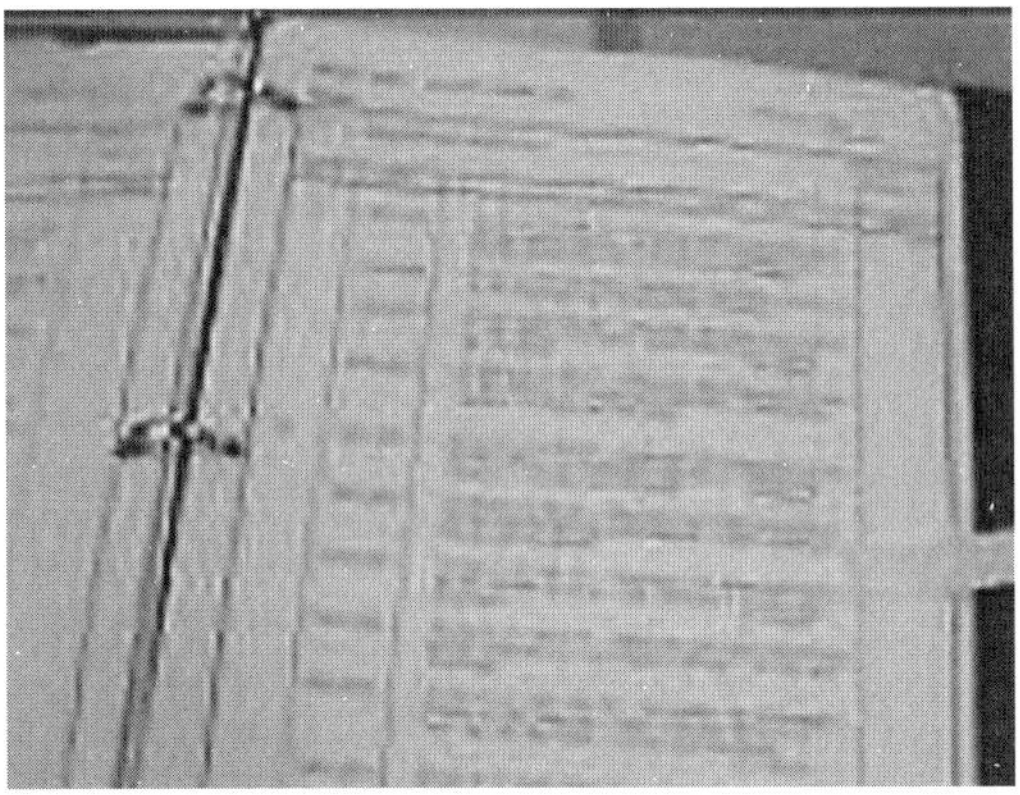

「検索手段」＝目録

国際機関ならではのアーカイブの特性を見るため、二〇〇六年九月下旬、ニューヨークへ出かけ、国連公文書館記録管理部（UN Archives and Records Management Section）を訪問した。ヒアリングと資料調査をした。当初は二時間の予定だったが、結果は二日間の調査となった。

まず、国連内部の記録管理の問題についてのヒアリングから始まった。二日目は資料調査である。現在国連公文書館の資料として閲覧に供されている文書そのものを、検索手段から探し出し、担当者に頼んで書庫から出してもらい、現物を見て、触れて、読んで、コピーを入手した。

Record Number	Office of Origin	Title	Security	Earliest Date	Latest Date
S-0845-0004-23	UN Secretary-General (1961-1971; UThant)	United Nations Operation in the Congo (UNOC) -Secretary-General's correspondence with Japan	No Security Level	30/07/1960	08/03/1961

データベースの情報

資料調査のテーマ「日本と国連の関係を示す記録を探す」

探索の手順は国連アーカイブのデータベースを、キーワード「JAPAN」で検索する。データベース中に、タイトルに「JAPAN」を含むものがソートされた。これだけでプリントアウト四頁分になった。このプリントアウトをもらった。つまり、ここまでは国連記録管理部のアーキビスト、モニカ・タッカーによるレファレンス・サービスの作業により提供された情報である。

モニカが提供してくれた右のプリントアウトを見ていったところ、日本から国連事務総長宛の手紙が入っていると思われるフォルダが検出された。これは、一九六一～一九七一、ウタント時代の事務総長室から出た資料であり、表題は「国連コンゴ調停──事務総長対日本往復書簡」、公開可、一九六〇年七月三十日から一九六一年三月八日までの約七カ月間のものが含まれることが、プリントアウトされたデータベースの情報から知ることができた。データベースの情報は書きおこしてみると上の表のようになる。

このフォルダを特定し、閲覧室にいた担当者に、当該フォルダの閲覧を請求した。担当者は書庫の中に消えた。程なく彼はファイルボックスをひとつ抱えて書庫から出てくると、カウンターのむこうでその箱の中からフォルダをひとつ出し、これを筆者に手渡してくれた。ファイルボックスも、フォルダもサイズは大きく、リーガルサイズ（Ａ４判より少し大きい、アメリカの用紙サイズ）のように見えた。

それを直接手にとって見た。ファイルボックスには、ラベルが付されていた。次頁の図にあるようなラベル（写真から小川が作成）である。このラベルの表示はボックスの所在と内容を示すものであり、図書なら書誌事項に相当する情報である。箱をあけると、その中にはフォルダがいくつも入っている。筆者が見たいと考えていたフォルダ番号は23、担当者からこれを手渡された。手元にやってきたフォルダは、どこにでもあるようなごく一般的な厚紙二つ折りのもので、表面上の方に United Nations Operation in the Congo (UNOC)-Secretary-General's correspondence with Japan, 30/07/1960-08/03/1961 と鉛筆で記入さ

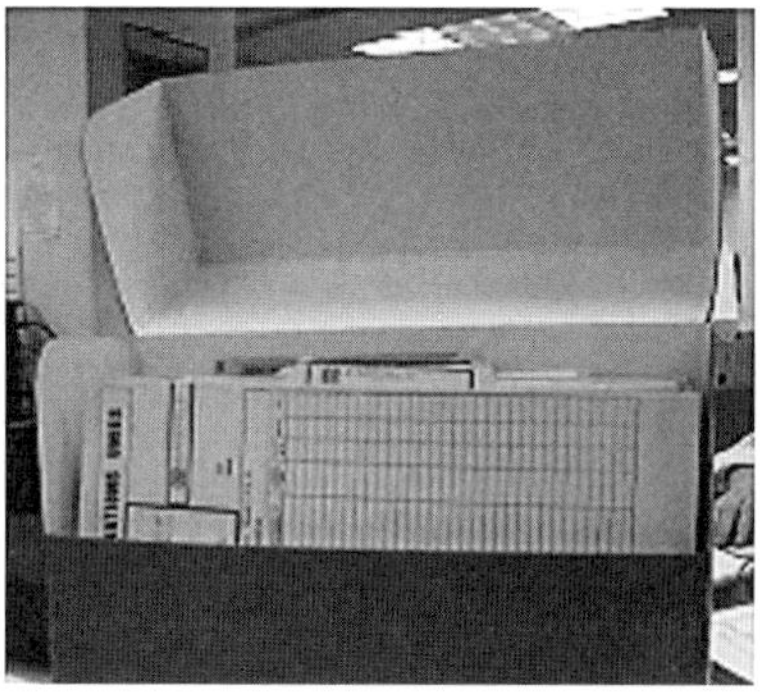
国連アーカイブはボックスファイリング

United Nations Archives and Records Management Section

S-0845-0004
Executive Office of the Secretary General
Subject Files of the Secretary-General=Dag Hammerskjold:ONUC

バーコード↓　1959-1964

FF123-R002-SU04

ファイルボックスラベル

れ、手前左端にPLEASE RETAIN ORIGINAL ORDERのスタンプとともにこれも鉛筆書きでClear/14/01/2004 wgと記入があり、右端にはUNARCHIVES/SEIRIES S-0845/BOX 4/FILE 23/ACC. DAG 1/5.1.2と、スタンプで作られた記入欄に下線部の手書き記入がある。

その中に何枚かの手紙、テレックス等のオリジナルとカーボンコピーのオリジナルが入っていた。これはまさに往復書簡の控えであり、刊行物とは程遠いものであることは、一目瞭然であった。ちなみにテレックスというのは、ファックスが登場する前に、電信電話回線を用いた即時的通信手段として急を要する事務連絡に広く用いられた情報通信システムである。国内的にはカナ文字、国際的にはアルファベット大文字とアラビア数字に読み替え可能なパンチテープ用の情報が送受信された。送信側では文字情報をタイピングすると、そこでパンチテープが作成され、そのパンチテープを電信回線にのせて相手先に送信すると、受信側

385CA SG

30 July 60 MacFarguhar 774

X

ONUC
LEOPOLDVILLE

_________ BUNCHE LINNER FROM CONGLES JAPAN WISH DONATE TOW THOUSAND CASES SAURY (FISH) COOKED WITH TOMATOES. FOUR DOSEN BOXES EACH CASE AND TOTAL WEIGHT THIRTY-FIVE METRIC TONS./ TOTAL VOLUMES SEVENTEEN HUNDRED CUBIK FEET. COULD BE SENT ON JAPANESE VESSEL TO NATADI TOWARD MID AUGUST ARRIVIED SOMETIME IN OCTOBER. IF YOU HAVE NO OBJECTION WE PROPOSE ACCEPT THIS AS FOO-AID FOR CONGOLESE PEOPLE. PARA. PAKISTAN PREPARED HAVE TEN THOUSAND DOLLARS WORTH CLOTH AND SHOES AVAILABLE. IF THESE ARE NEEDED AND COULD BE APPRECIATED DO YOU HAVE ANY PREFARENCES ABOUT QUANTITIES AND SPECIFICATIONS?

（この位置に手書き、鉛筆で Thanks?と大書あるも判読不能）

Sir Alexander MacFarguhar

テレックス控の全文（電子コピーから小川が作成した）

このフォルダにおさめられていたのは、印字された複写式の紙のうち、2 枚目の控でカーボンコピー。このような控は当初の印字状態が不鮮明な上、50 年近く時間のためか経年劣化が激しく、大変に難読であった。しかも、ARMS（国連公文書館記録管理部）で提供されたのはその電子コピーであるから、解読は困難を極めた。

では送信側と同じパンチテープが作成され、同時に専用の複写式の紙に印字された文字情報が表示される仕組みである。フォルダの中には、次のものがあった。

・松平康東博士（国連常駐日本代表）署名　ダグ・ハマーショルド国連事務総長あて書簡（一九六一年三月八日）、一枚

・池田勇人総理大臣（日本）発フルシチョフ首相（ソ連）宛て書簡主旨英訳（一九六一年三月八日発信のもの、同年二月二十二日付フルシチョフ発池田宛書簡への返信）、三枚

・テレックス控一九六〇年七月三十日付 MacFarguhar 発ＯＮＵＣレオポルドヴィル（コンゴ）宛　一枚

つまり、このフォルダには三種類の資料があった。最初の書簡は、一九六一年三月、国連常駐日本代表松平康東博士が、二番目の添付「訳文」とともに国連事務総長に送付したオリジナルである。添付「訳文」には、当時のコンゴ紛争調停に関わりソ連のフルシチョフ首相が国連事務局の動きに対して第三世界の代表の意向に従う国連新事務局体制整備を唱えて日本に同調を求めたが、これに対し池田首相はハマーショルドによる国連体制を支持することを表明する書簡を送った旨が記されている。松平は池田首相の立場を国連事務総長宛報告したのである。

三番目の六〇年七月三十日付テレックス控には、日本がコンゴに対し国連を通じて秋刀魚のトマト煮缶詰三五トンの食糧援助を申し出たことが記されている。これは日本が国連コンゴ政策を支持するものであることを証明したものとしてここにおかれた、とみるべきであろう。

誰でも閲覧できる国連アーカイブ

国連自体は創設以来七〇年未満の組織だが、その前身組織の記録を引き継いでいる。ニューヨーク国連本部にある国連図書館（「ダグ・ハマーショルド図書館」と呼ばれる）は印刷された資料の保存を担当し、国連アーカイブはそれ以外の資料の管理を担当している。国連アーカイブの所蔵資料には秘密指定文書も少なくないようであった。国連アーカイブでは原則二〇年経過で公開としているが、実際に目録を調べてみると、一九六〇年代の記録であっても「厳秘」で未公開のものが散見された。

日本が国連に加盟したのは一九五六年であった。国連アーカイブには、加盟後まもない一九六〇年、アフリカ・コンゴの紛争地域に、日本が援助を申し出たときの日本の国連代表部大使の手紙が保存されていた。サンマのトマト煮缶詰を三五トン、差し上げたいという申し出の手紙。東京オリンピックを前に、高度経済成長に差し掛かった頃の日本が、国際舞台に何とかその存在感を示そうとしていた頃の姿がそこにはあった。国連代表部大使の直筆サインは、初代加瀬俊一氏も、第二代松平康東氏も、その筆跡はほっそりと繊細だった。万年筆なら細字のペン先のものを使っていたのだろうと思われる。タイプ印字は、布で出来たインクテープだと布の織りあとが印字の上に残るのだが、それが見えない。初期のころのワープロを思わせるような均質で美しい仕上がりだった。どんなタイプライターを使っていたのだろうか。

国連アーカイブの来訪者のノートには、日本からの閲覧者の名前も見えていた。研究のために資料を求めてここに来る研究者がいる。それに答えて、必要とする資料を提供できるシステムがある。国際機関の運営透明性はこうして維持されている。

付記：この調査は二〇〇六年度国立情報学研究所共同研究費を得て、古賀崇氏（当時は同研究所助教、現在は天理大学准教授）とともに行ったものである。

2. 国連ジュネーブ事務所（UNOG）①図書館アーカイブ室

二〇〇七年秋に初めて訪れたスイス・ジュネーブの国連ジュネーブ事務所図書館アーカイブ室は、ささやかな施設であった。組織上では、図書館の一部に位置づけられたアーカイブ室は、旧国際連盟の記録、国際連合ジュネーブ事務所の記録を管理し、二〇年原則による公開閲覧に供している。と同時に、国連ジュネーブ事務所の半現用記録もこのアーカイブ室が管理している。記録管理は登録システムによっている。アーカイブ室の資料はオリジナルの閲覧とデジカメによる自己撮影が可。研究利用者の姿が多く見えた。

このアーカイブ室の資料の中には、一九三三年、日本が国際連盟脱退を通告した電報が含まれていた。この探索には、アーカイブ室の担当者の知見を借りた。日本をキーワードに、一九三三年という時期を区切ってラポルテール・ジェネラルという総目録の中から、該当時期のアーカイブボックスを選び出し、箱単位で閲覧請求した。請求に応えて運び出されてきたアーカイブボックスは、深緑色のクロス張、その側板は多分木製と思われる重い箱（写真①）で、蓋につけられた留め金は金属の鋭いフック、胴にはそれを受け止める丸ネジがつけられていた（写真③、撮影は

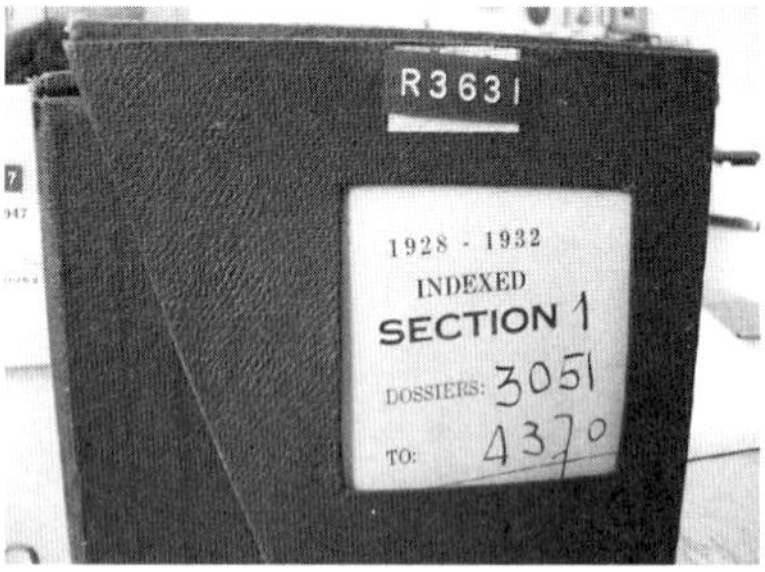

① 2007年　R3631箱ラベル

② 2008年 R3631箱ラベル

③ 2008年 R3631箱留め金

二〇〇八年十一月)。翌二〇〇八年十一月、再び同じアーカイブ室を訪ね、同じアーカイブボックスの閲覧請求を行ったところ、前年と同じアーカイブボックスが提供された。そのボックスに付けられたラベルの下の方に、Except 4332と手書きの文字が書き加えられていた。二〇一〇年九月、三度このアーカイブ室を訪れ、同じR3631というアーカイブボックスの閲覧請求をしたところ、出てきた箱は新しい中性紙の保存箱で、ラベルも新しく飾り文字が用いられた白い紙になっていた(写真④)。

これについて、二〇一〇年の段階で担当者に問うたところ、アーカイブ室の資料は、順次新しいアーカイブボックスに入れ替えられ、さらにはデジタル化による媒体変換も進められている模様であった。

箱の中にいくつものフォルダがある。その中の一つが、目指す日本の国際連盟脱退に関するフォルダだった。このフォルダの表紙の冒頭は、ARCHIVES 1933-1946と記入され、大きな囲みの一番上左には分類がPOLITICAL（政治）、登録番

④ 2010 年 R3631 箱＆ラベル

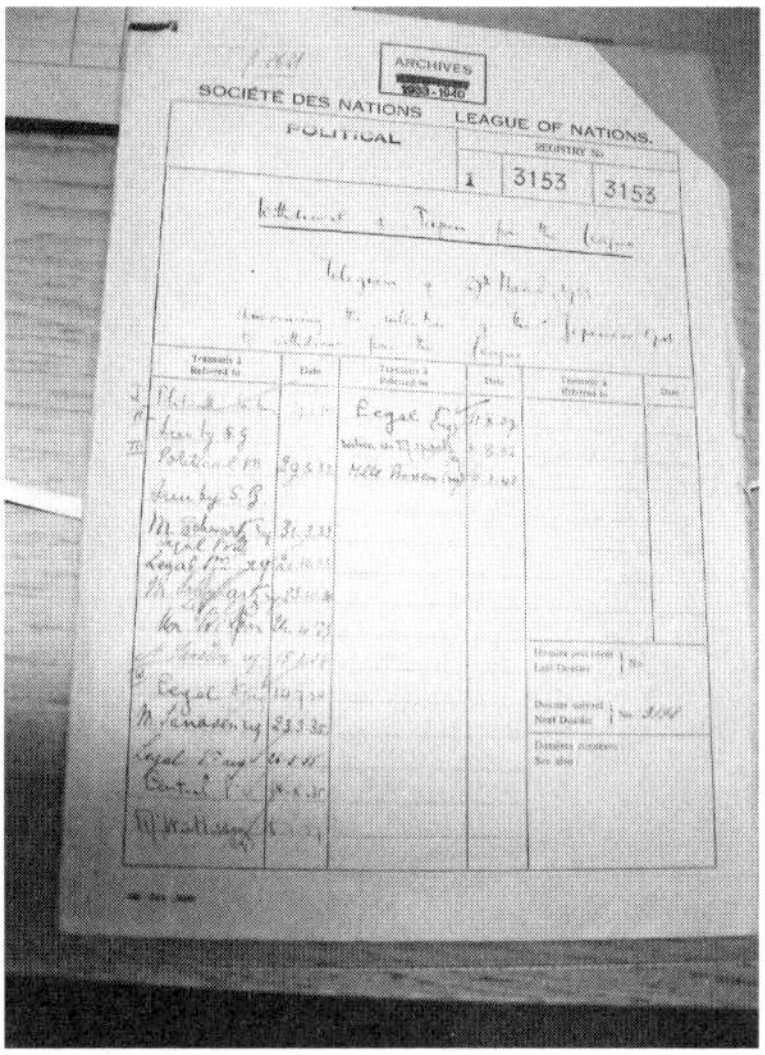

R3631 の箱に収納されているフォルダ
3135 の表紙

日本政府の国際連盟脱退を通告する英文電報のコピーを閲覧する（2012年夏）

号は1-3153-3153、とスタンプで印字されていた。その次の欄には、下線の上に件名としてWithdrawal of Japan from the League（日本の連盟脱退）、その次は改行して下線なしに摘要Telegram of 27th March 1933 announcing the intention of the Japanese Govt to withdraw from the League（日本政府の連盟脱退の意向通告電報一九三三年三月二十七日付）と黒いインクで手書きされている。その下の欄には、このフォルダに綴じ込まれている書類に関わった人々のサインとその日付が、様々な筆跡で記されていた。そこに見える様々な筆跡やそこに添えられた日付から、現用時にはこのフォルダは随分多くの人の手を経て形成されてきたことが知られる。最初は一九三三年三月二十七日付でフォ

国連ジュネーブアーカイブ室で調査するメンバー

ルダが作成され、最後の日付は一九四三年三月十日となっている。残念ながら、このフォルダが「アーカイブ」になってからの利用の跡は見えない。

このフォルダを開いてみると、日本政府が国際連盟脱退の通告を行ったことと、それに対し国際連盟側が事務総長を中心にどのように対応するかを検討したことが記されている記録が綴じ込まれていた。

書類は下から上へと積み重ねられた模様で、フォルダの一番最後に、日本政府外務大臣内田康哉が一九三三年三月二十七日付で発した全二〇枚の英語電報のオリジナルがあった。(2) この電報のネガフィルム状のコピーが、「これは展示用」というメモとともに、オリジナルの上に綴じ込まれていた。さらに見ていく

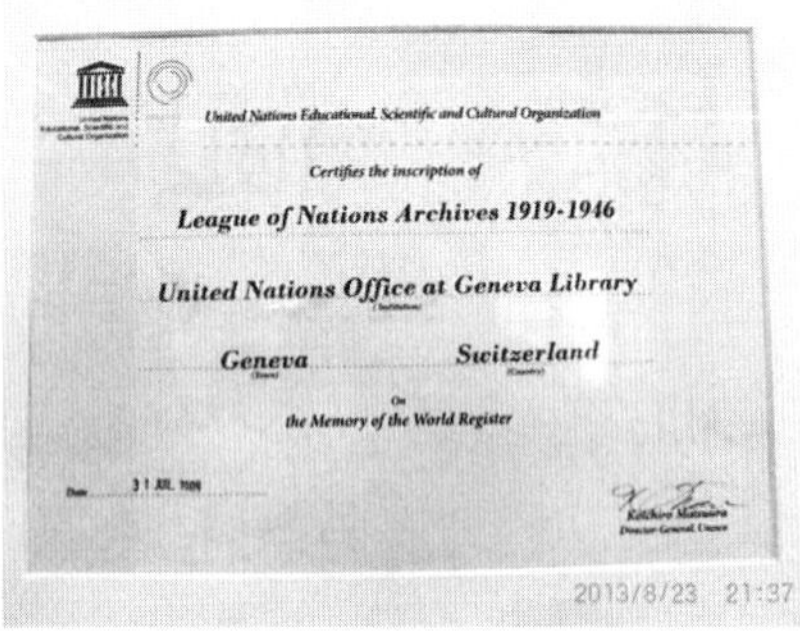

国連ジュネーブ事務所アーカイブ室に掲示された国際連盟アーカイブの世界遺産登録証書（2012年夏）

と、電報の文章を普通のタイプうちの文章に打ち直した草稿、そのフランス語訳の草稿、国際連盟事務総長が発信した返信電報の控え、返信電報を日本側が受け取ったことを告げる国際連盟パリ代表部澤田大使の手紙が、日付順に積み上げられていた。国際連盟事務総長は、日本政府への返信を認めるために、連盟事務局の法規担当の意見を求めたり、委員会に日本政府が脱退の意思表示をしてきたことにつき周知を図るなどの行動をとっていたことも、綴じ込まれた返信控えの欄外メモに記されていた。このフォルダに綴じ込まれた書類には、一九三三年三月二十七日から二十八日にかけての国際連盟事務局内部の忙しい業務の様子がしごく事務的に、しかし今になってみると非常に具体的に把握できるように記録されていたことは、印象深い。

二〇一二年夏に訪れたジュネーブの国際連盟アーカイブは、それまでの小部屋から広々とした閲覧室に場所が変わっていた。以前は国連ジュネーブ事務所図書館の閲覧室だった場所が、アーカイブ室の場所になったというのである。その年、パン・ギムン国連事務総長がジュネーブの国連アーカイブ室を視察することになったので、広い部屋に移ることになったという。そういえば、二〇〇九年七月、国際連盟アーカイブは世界遺産登録されている。こうしたことから世界からの注目を集めるようになったのだろうか(3)。

日本の国際連盟脱退について、日本側にはどのような記録が残されているのか、調べてみた。これは、インターネット上のデジタル・アーカイブ、アジア歴史資料センターを利用して、かなり手軽な調査を行ったものである。

アジア歴史資料センターの検索画面で、国際連盟脱退をキーワードに検索したところ、七件のヒットがあった。七件の全てを閲覧した結果、発信した電報電文の控えは見当たらなかった。もちろん、電文と同じ内容の印刷物はあるのだが、国際連盟アーカイブのフォルダの中身のような臨場感あふれる非現用文書ではない。当時の事務作業を終えた後に経過を報告書に取りまとめた印刷物が、公文書として保存されているのが、日本側の資料残存の現状であることが見えた。なぜ、日本では実際に仕事をする時に使った書類ではなく、事後に浄書したり印刷したりしたものが記録として残るのだろうか?

注

（1）United Nation Office in Geneva

（2）当時の電報は、一通につき五〇語という制約があった。しかも、今日のEメールとは異なり、アルファベットの小文字だけしか使えなかったので、ピリオドも、コンマも、改行もない。ピリオドの代わりにはstop、コンマが必要ならcomma、改行したい時はparagraphという単語が使われていた。

（3）UNOGアーカイブ室所蔵の国際連盟アーカイブについては、PDF版『日本語版国際連盟アーカイブへのガイド2012』参照（国際資料研究所DJIのRepository―大学院の授業成果リポジトリ、http://www.djichiiyoko.com）。

第10章 国連難民高等弁務官事務所（ＵＮＨＣＲ）の仕事とアーカイブ・ボランティア

下田尊久

1. 国連難民高等弁務官事務所の歴史と仕事

国際的な人道支援のはじまり

国際連合（ＵＮ）における人道支援の組織である「難民高等弁務官事務所」は、英語で the office of the United Nations High Commissioner for Refugees：（略称ＵＮＨＣＲ）であり、一九五一年に創設された。しかし、国際的な人道支援はそれ以前の一九二一年から今日に至るまで幾多の組織の変遷を経て続いてきた。

世界が国境を越えて人道的な活動を始めるのは、国家間の戦争が当事国だけでは解決できなくなった第一次世界大戦を契機としている。第一次大戦ではヨーロッパのほとんどの国が戦争当事国となり、多くの犠牲者と戦争捕虜や行方不明者を出した。当事国間で国境を越えた大量の避難民が発生し、人道的な支援が急務の課題となった。この戦争終結のために開かれたパリ講和会議によって国際連盟（the League of Nations（LN））（以下本文では「連盟」と略する）が設立された。その連盟の要請を受け、ノルウェー人フリチョフ・ナンセンが五〇万人に及ぶ戦争捕虜の帰還業務の立ち上げにあたった。そのうちの三〇万人がロシア革命によって生まれた帰還困難者であったという。

支援活動は一九二一年にロシア難民高等弁務官事務所としてスイス・ジュネーヴで始められた。ナンセンは北極などの探検家として有名であったが、その後半生は人道支援活動に尽力し、多くの難民を救済した。連盟はいわゆるナンセン・パスポートの発行に係る費用を負担したが、その多くの活動資金は私財によるもので国家間の合意よりも熱意ある個人の尽力によるところが大きい。その精力的な活動が今日に至る難民事務所の基盤となっている。

一九三〇年にナンセンの突然の死により、その名にちなんだナンセン国際難民事務所（Nansen International Office For Refugees）が設立され、それまでの活動を引き継いだ。これとは別に一九三三年にヒトラーによるドイツ第三帝国の誕生によって発生した難民問題のため、ドイツ難民高等弁務官事務所が置かれ、ジェームズ・マクドナルドが任命された。また同年、「難民の国際的地位に関する条約」が制定され、難民の出身国への強制送還を禁止した初の国際条約となった。しかし、加盟国はわずか八カ国であった。また、八万人をパレスチナなどに再定住させたが、ヒトラーの強い制約を受け、ユダヤ人問題も含め大きな成果を上げることができず、マクドナルドはわずか二年で辞任した。その後事務所はナンセン国際難民事務所と統合され、一九三八年に新たな難民高等弁務官事務所となるが、一九四五年の国際連合（UN）（以下本文では「国連」と略する）設立、及び一九四六年の「連盟」の解散によりその役割を終えた。

一九四七年に国連に国際難民機関（the International Refugee Organization：IRO）が設置された。こうして難民高等弁務官事務所の組織や機能は他の「連盟」機関である世界保健機関（WHO）の前身組織や国際労働機関（ILO）とともに国連に引き継がれた。国際難民機関（IRO）の役割は、避難民の生活、登録、保護、帰還や移民先の決定などあらゆる領域にわたったが、ヨーロッパにおける難民の援助に限定されていた。また、この事務所は三年間という有期限の委任であり、任務完了とともに解散することが条件であった。実際に四〇万人前後の避難民を残し一九五二年に閉鎖されている。

一方で、第二次世界大戦後の冷戦による東西緊張が高まる中で、ドイツの東西分離や朝鮮戦争などにより、赤十字国際委員会（ICRC）などの国際機関からも新たな難民機関の創設の必要性が求められていた。一九四九年十二月の国連総会で、一九五一年から向こう三年間の条件で新たに「難民高等弁務官事務所」（以下UNHCRと略する）が総会の補助機関として創設されることとなった。さらに翌年十二月の総会で、事務所規程が採択され、高等弁務官の事業は、「完全に非政治的性質のもの」で「難民という集団ないし部類に関係するもの」でなければならないと定められた。

UNHCRにおける難民の定義

一九四八年、世界平和をめざして「世界人権宣言」が採択された。序文で、すべての人間は、庇護を求める権利と差別されずに基本的人権を享受できることが謳わ

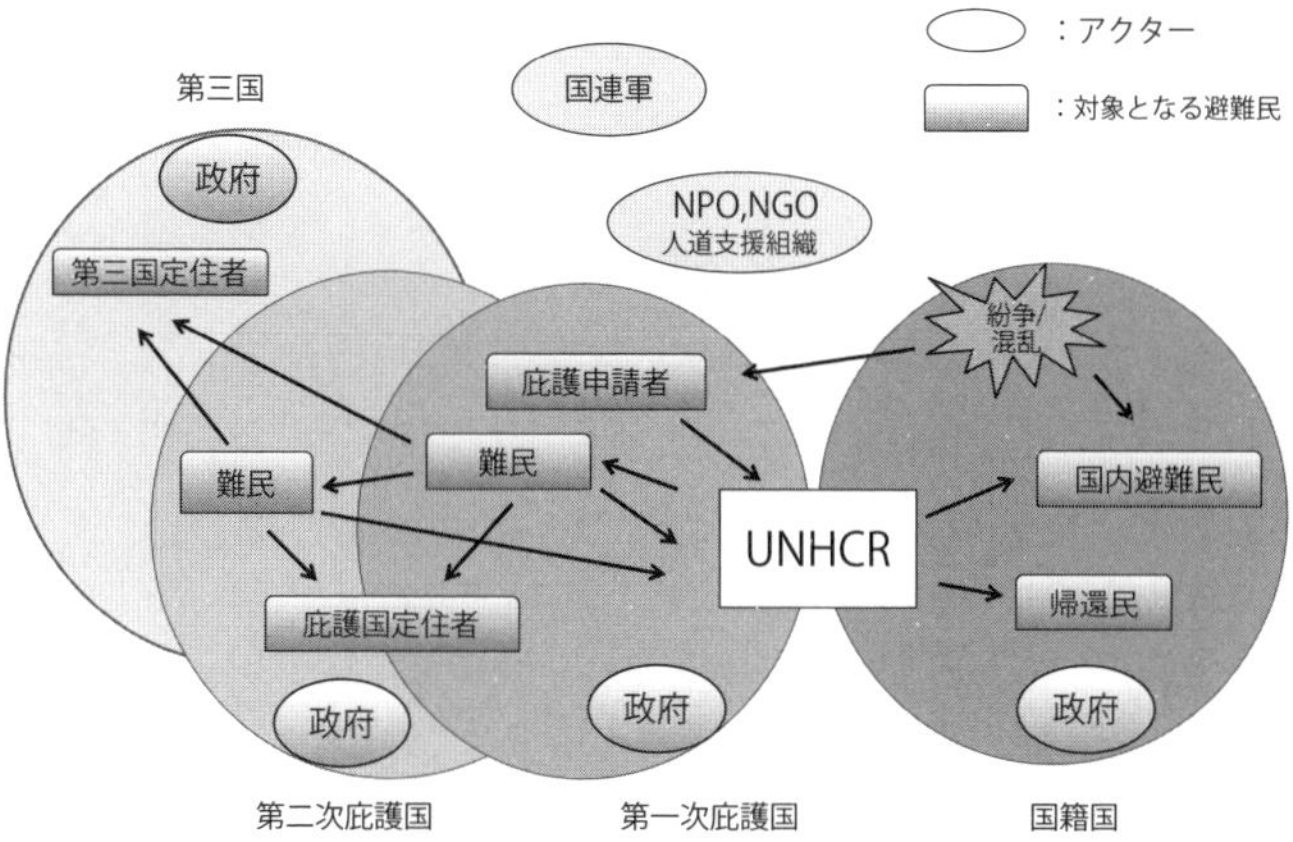

UN 加盟国における避難民と UNHCR の役割

れている。また、「すべての人間は、生まれながらにして自由であり、かつ、尊厳と権利において平等である」（第一条）こと、「すべての人は、各国の境界内において自由に移転及び居住する権利を有する」（第一四条一）ことが定められ、「強いられた移動」による人権の侵害を禁止している。

　この人権宣言は、国連加盟国のすべての国民の基本的人権の保障に対する関心を高めるものとなった。また、難民問題の早期解決のために国際的な協調が重要であるとして、改めて「難民の地位に関する条約」制定が、ＵＮＨＣＲ創設と並行して進められ、一九五一年七月に国連の国際会議で批准された。これによって、第二次大戦後に急増した難民の問題はようやく加盟国の具体的な関心事となった。

この条約においてＵＮＨＣＲの活動の基準となる「難民」とは、「人種、宗教、国籍もしくは特定の社会的集団の構成員であることまたは政治的意見を理由に迫害を受けるおそれがあるという十分に理由のある恐怖を有するために、国籍国の外にいる者」で「その国籍国の保護を受けられないものまたはそのような恐怖を有するためにその国籍国の保護を受けることを望まない者」（第一条）とされた。また、難民が難民ではなくなった場合の規定や、難民の権利や義務についても定めている。さらに、難民の保護を保障し生命の安全を確保するため、「ノン・ルフルマンの原則」と呼ばれる「難民を彼らの生命や自由が脅威にさらされるおそれのある国へ強制的に追放したり、帰還させてはいけない」（第三三条）並びに「庇護申請国へ不法入国し、また不法にいることを理由として、難民を罰してはいけない」（第三一条）として、庇護国となった国に対してその原則を義務づけている。

ＵＮＨＣＲの任務と権限は、難民に国際的保護を与えることと、難民の問題に解決をもたらすことであり、その難民問題の解決策は「自主帰還」「庇護国への定住」「庇護国から第三国への定住」の三つの方法に分けられるとしている。しかし、実際に難民を保護し援助をするのは、難民が逃れ込んだ庇護国を含めた国連加盟国であり、その責任は各国政府にある。このため、国際社会全体で難民問題に取り組むようになった一方で、UNHCRと関係各国政府との間にも緊張関係が生まれるなど、難民問題の解決のための活動は政治的な問題と切り離せない多くの困難さを伴っている。

UNHCRの役割の変化と難民

一九五〇年に現在のUNHCR事務所が開設されてから半世紀の間に、自国の政治的な状況で帰還できない人々が急増した。当然、その活動は当初の三年でその働きが不必要となるということはなく、むしろ難民が発生する状況は増え続け、その後も存続期間を五年ごとに延長して活動をしてきた。二〇〇三年十二月、半世紀の活動を経て、国連総会で存続期限の撤廃を決定、専門機関ではないが総会の補助機関のひとつとして国連の難民問題を解決するための恒久的な機関となった。

国際間の抱える課題の中で難民問題は常に大きな社会問題となっている。その中でUNHCRは、難民を保護すること並びに難民問題を解決することを主な目的として活動を続けてきた。同時に、半世紀以上の活動で変化も起きている。活動の五〇年を振り返る「世界難民白書二〇〇〇」では、その活動に関する環境や活動の種類の変化について五項目にわけて示している。

1．UNHCRの事業が非常に大きくなった
2．UNHCRの実施する活動の幅が広がった
3．UNHCRの受益者（援助対象）の幅が徐々に広がった
4．難民や避難民の保護・援助計画に関わる国際的なアクター（行動主体）が増加し多様化した
5．武力紛争下の状況や一触即発の不安定な地域で活動する機会がますます増えてきた

このようにこの機関が世界の難民問題に大きな役割を果たしていることは明確である。UNHCRによれば現在、この組織の支援の対象となるのは、難民、保護申請者、帰還民、無国籍者、国内避難民の一部である。しかしこの「難民」あるいは「避難民」の用語は

数カ国語で書かれている
UNHCR のパンフレット

単なる人道的な問題だけではない政治的な背景が大きな影響力を持つことも容易に想像ができる。

ある地域に起こる危機が難民問題を発生させ、その対応のために国際社会がUNHCRなどの国際機関に対応を求める。UNHCRの活動の歴史を見てみると、これまでの半世紀を越える活動においてその役割に変化をもたらしている。

一九五〇年代に起こったハンガリー動乱で、ソビエト軍の侵攻による大量の避難民の国外脱出に関わった。これはこれまでの個別的な難民保護の活動からの変化をもたらした。また、一九六〇年代に入り、アフリカ大陸にその問題が集中した。アフリカ大陸において非植民地化により旧宗主国を離れた多くの独立国が、同時にUNHCRの介入を必要とする大量の避難民を生み出すことになったからである。

一九七〇年代からの二〇年間は、南アジアや中央アメリカの危機でその活動が求められた。一九七一年のバングラデッシュ独立戦争では一〇〇〇万人が一次的にインドに流出した。この時UNHCRは、国連の人道支援システムの内外にわたる広い範囲で、コーディネーターの役割を初めて果たしたという。また一九七〇年代半ばの超大国同士の対立の代理戦争とも言われるインドシナ紛争ではカンボジア、ラオス、ベトナムからの大量の難民脱出があり、難民キャンプの設営・運営を行ったほか、二〇〇万人に上るインドシナ難民を、米国その他の国々に定住させる手助けをした。その中にベトナム戦争による「ボートピープル」と呼ばれた避難民の存在がある。一九八〇年代は、インドシナ、アフリカ、中央アメリカ、アフガニスタンで発生した危機により、UNHCRの役割と責任が増した。これら紛争地帯からヨーロッパや北米に庇護を求める人々が増え続け、これまでの庇護システムが受入国の負担となった。その結果、各国政府が入国制限を課すなど、支援国との対立と緊張が生まれた。

さらに次の一〇年、すなわち東西対立の終焉を迎えた一九九〇年代は、女性初の難民高等弁務官である緒方貞子氏の在任期間中であり、その決断が高く評価されている。前述の白書では、この一〇年間でUNHCRが、武力紛争下での活動を始め、他のアクターである国連平和維持部隊や多国籍軍などとも、緊密な共同活動をするようになったとしている。また、国境を越えた民族間、宗教的対立などが増加し国内避難民や紛争避難民への援助もますます増えた。一九九一年の湾岸戦争におけるイラク北部のクルド人難民の救援、同年のユーゴスラビア崩壊によるボスニアの内戦における救援事業の調整役としての活動など、交戦状態の当時国内での活動が増えているとしてその課題を詳述している。UNHCRの職員はこの間に二倍になったと言われる。

二一世紀に入っても、とくに二〇一一年に始まったシリア国内の緊張は大量の難民を発生させ、同時にこの地域の複雑な国際関係から解決の道を見出せずに膠着状態が続いている。

「難民の定義」が国境を越えたことは、現代社会が生み出したグローバル化の影響のもと新たな課題となった。二〇一一年にＵＮＨＣＲは六〇周年を迎えたが、二一世紀に入っても難民問題は増え続けるばかりである。ＵＮＨＣＲはその報告書の中で、これまでに数千万人の生活の再出発を助けたとし、二〇一四年一月の英語版公式サイトによれば、現在、一二五以上の国や地域で七六八五人のスタッフが三三九〇万人のために活動している。武力による平和は、戦争を誘発し多くの避難民を国際社会に抱えることになり、ＵＮＨＣＲの望むところではないが、この機関が果たす人道支援の役割は大きい。


もっと知りたい人は、ＵＮＨＣＲ日本・韓国地域事務所広報室編・世界難民白書『人道行動の五〇年史』（時事通信社．二〇〇一）やＵＮＨＣＲの公式サイトをごらんください。

コラム
Column

UNHCRのアーカイブは過去と現在を未来のために保存する

モンセラート・カネラ

アーカイブに目を向けると、資料としてのアーカイブからはUNHCRの事業の広がりと、その長い歴史に残る多くの業績（もちろん、失敗も）を思い起こされる…。

これはあるUNHCR職員の言葉だが、UNHCRアーカイブとその広がり、UNHCRが援助しようとする人々や世界の記憶にとってのUNHCRのアーカイブの重要性について、私自身が考えるところを良く言い表している。

国連難民高等弁務官事務所（UNHCR）は、一九五〇年十二月十四日の国連総会で、世界中の難民問題を解決し、難民を保護する国際行動を主導・調整することを使命として設立された。以来六〇年以上が経過し、これまでに何千万人の人々の人生の再出発を応援してきた。今では職員数は七六八五人、一二五カ国で、三三九〇万人の支援を続けている。一九九六年に設立されたUNHCRアーカイブは過去に作成された記録、今作成されつつある記録を保存している。記録はUNHCRが関わる世界各地での活動の中で作成されるものであり、UNHCR職員の利用はもとより、外部利用者にも提供されている。(1)

UNHCRのテラスで昼食
モンセラート課長と小川千代子さん（2010年夏）

UNHCRの職員がフィールドに出て先頭に立って何十年も取り組んできた、例えば南スーダンのような困難な状況の記録は、職員自身がその地に赴くときの参考資料となる。ハーバード大学の歴史学者、サマンサ・パワーが、二〇〇八年にまとめた元UNHCR高官、セルジオ・ビエラ・デ・メロの伝記は、その多くをUNHCRアーカイブの資料調査によっている。(ii) 二〇一三年夏には、ある博士課程の学生がアメリカからやってきて一カ月ほど、ベトナムのボートピープル問題の資料を調べていった。この人は二歳の時、家族と共に難民としてタイに上陸したという。

UNHCRアーカイブはジュネーブのUNHCR本館にあり、所蔵資料は書架延長一〇キロメートルほどに上る。電子アーカイブは約九〇〇万点あり、これは特別な安全装置を設けたサーバで管理・保管されている。アーカイブ資料は増え続けている。それはUNHCRという組織が活発な人権人道組織であるからにほかならない。UNHCRは人命救助にとどまらず、苦難の時に何百万人もの人々とその祖国、コミュニティに何が起こったかを示す証拠をも長く保存し続ける組織なのである。（訳：小川　千代子）

UNHCR Archives preserving the past and the present for the future

" … Viewing the Archives, the physical Archives, that is, is a good reminder of the vastness of what UNHCR does, and the long history of its achievements (and indeed, of its failings)." These words, from a UNHCR staff member describe quite well my own thoughts about the UNHCR Archives, about their dimensions, about their importance for UNHCR, for the people we assist, for the memory of the world.

The Office of the United Nations High Commissioner for Refugees (UNHCR) was established on December 14, 1950 by the United Nations General Assembly with the mandated to lead and co-ordinate international action to protect refugees and resolve refugee problems worldwide. In more than six decades, the agency has helped tens of millions of people restart their lives. Today, a staff of some 7,685 people in more than 125 countries continues to help some 33.9 million persons.

The UNHCR Archives, established in 1996, preserve the records that were created and that are being created during operations around the world the organization in which has been involved, and they are used both by staffers and by outside researchers.[i]

Records of intractable situations where UNHCR has been working for decades, such as southern Sudan, are drawn on to brief staff as they head out into the field. Harvard University historian Samantha Power researched much of her 2008 biography of the late former top UNHCR official, Sergio Vieira de Mello, in the UNHCR archives.[ii] In the summer of 2013 a doctoral student from a US University spent a month researching the files on the Vietnamese boatpeople crisis; he was a two year old baby when he landed with his family in Thailand as a refugee.

The physical archives occupy about 10 kilometers of shelving space in Geneva's headquarters. Electronic archives, comprising some 9 million documents, are stored and managed in dedicated, secure servers. They keep growing, because UNHCR is an active humanitarian organization, that not only saves lives but also saves the evidence of what happen to millions of people, their countries and communities during troubled times.

Montserrat Canela-Garayoa
UNHCR Senior Archivist

i) UNHCR webpage in English "about us"
http://www.unhcr.org/pages/49c3646c2.html consulted the 12 December 2013
ii) UNHCR webpage in English "Archives and Records"
http://www.unhcr.org/pages/49da066c6.html consulted the 12 December 2013

2. ベトナム難民資料の整理作業

大西　愛

はじめに

アーキビストという仕事の歴史は、日本ではそんなに古くない。私が初めてそういう仕事に携わったのは。一九六五年である。そのころはもちろんアーカイブやアーキビストという言葉は知られていなかった。その仕事を続けてシニアになったとき、何か経験を生かすことはできないかと考えていた。私より少し若いいわゆる団塊の世代の人たちも次々にシニアになっていく。そしてできれば海外のアーカイブの実務を経験してみたいという夢が集まってきた。ここでは数人の仲間でのアーカイブ・ボランティアを実現することができ、今も続いている作業を紹介しよう。

国や公的文書には外国人はタッチできない

同じ希望をもつ仲間の小川千代子さんはアーキビストとして国際的に活動していたので、海外事情にくわしい。外国の国のアーカイブや市の公文書は外国人も閲覧

国連難民高等弁務官事務所（UNHCR）の建物

はできるが未整理の資料に触れることはできない。それで国連機関であれば、日本は国連の加盟国であるから、それに近づくことはできるのではないかと考えたそうだ。そしてたまたま国連難民高等弁務官事務所（ＵＮＨＣＲ）のアーカイブ課長モンセラートさんと知りあいだったことから、私たちの希望を申し出てもらったところ、同所のアーカイブを整理するというボランティアが実現した。

実際に仕事にかかる前に二種の書類の提出が必要であった。まず「ＵＮＨＣＲボランティアに参加するための条件」という書類には、「参加日程、セクション、および仕事に対しての報酬はないこと、作業中に起こったアクシデントや病気についてＵＮ

UNHCR
United Nations High Commissioner for Refugees
Haut Commissariat des Nations Unies pour les réfugiés

UNHCR

Case postale 2500
CH-1211 Genève 2

Tel.: +41 22 739 8942
Email: canelaga@unhcr.org

19 June 2012

Notre/Our code: HRM-07-08
Votre/Your code:
Re: **Volunteer**

CONDITIONS GOVERNING UNHCR VOLUNTEERS

1. I, the undersigned **Ms. Ai Onishi** accepted the following conditions governing a Volunteer for the United Nations High Commissioner for Refugees for the period **27 August to 07 September 2012** during which I will be assigned to the Records and Archives Section and I have taken note of the following:

    a) UNHCR will not pay any fees, and all the expenses connected with my work as a UNHCR Volunteer must be borne by me (travel, insurance, housing);

    b) UNHCR accepts no responsibility for cost arising from accidents and/or illness incurred during the course of my work as a UNHCR Volunteer and I must, therefore, provide proof of my enrolment in a health insurance plan and a medical certificate of good health;

    c) I acknowledge that UNHCR is in no way responsible for any civil liability for damages or injuries caused by me to others;

    d) there is no expectancy of employment at the end of my work as a UNHCR Volunteer.

2. I undertake the following obligations with respect to the UNHCR:

    a) to conduct my self at all times in a manner compatible with my responsibilities as UNHCR Volunteer;

    b) to keep confidential, any and all unpublished information made known to me by the accepting office during the course of my work with UNHCR and not to publish any reports or papers on the basis of information obtained during the programme;

    c) to accept the supervisory role of UNHCR officers, particularly Ms. Montserrat Canela Garayoa or her designate.

3. Status of the Volunteer:

    UNHCR Volunteers are not officials, consultants or staff members of the United Nations and are not entitled to any right, benefit, payment or compensation.

Ai Onishi
Name of Volunteer

2012. 7. 3
Date/Signature

Montserrat Canela Garayoa
Name of Supervisor

大西 [illegible]
Date/Signature

ボランティア誓約書

HCRは責任を持たないこと、従って健康を保証する証明が必要。また、作業の終わった後の採用などは期待しないでください。」などなど細かい条項が書かれており、これにサインをした。そして各自英文で書かれた健康証明書を準備して提出した。

UNHCRにあるベトナム難民のアーカイブ

二〇〇九年九月二十二日から十月二日まで二週間のボランティア作業が開始した。参加者は小川千代子さん（国際資料研究所）、松村光希子さん（国立国会図書館）、秋田通子さん（宇和島市教育委員会）、大西（大阪大学出版会）の四人である。国連難民高等弁務官事務所（略称UNHCR）とはどんな仕事をするのか。二〇〇〇年まで、高等弁務官緒方貞子さんの名前と機関名は知っていても、詳しくは知らない。まして、どんな資料があるかなどは全く分からない。出発する年の夏、UNHCRからいくつかの情報がメールで届いたので、東京・渋谷で勉強会を開いた。整理する資料はベトナム難民のアーカイブで、もとはUNHCRの香港事務所にあったが、その後ジュネーブのUNHCR本部へ移送されたものであること。そしてFonds24というナンバーが付せられ、由来についてはすでにインターネットで見られることなどが小川さんの調査でわかった。UNHCRの記録のなかでもアジア地域の資料

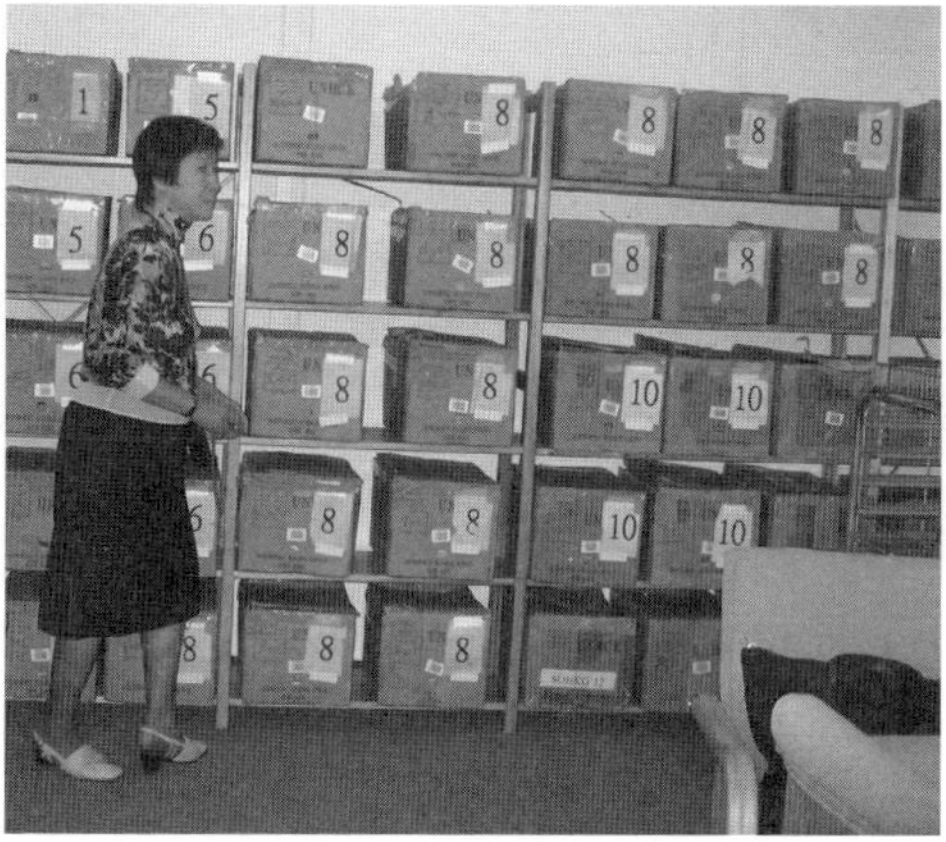

2009年9月作業開始　箱が会議室に並べられている

の整理はヨーロッパのそれと比べると遅れがちのようであった。求められた作業は目録の完成であるらしい。

整理業務開始

メンバー四人は関西と関東と分かれているが一緒に成田から出発することにした。第一日、UNHCRの玄関は、空港並みにセキュリティ・チェックがきびしい。入館証を得るまでの手続きは半日かかり、それまではパスポートを預けないと入れない。アーカイブ課は意外とこぢんまりしたセクションで、課長以下十数人ぐらい。ボランティア作業用に会議室を二週間貸切りにして、作業室を作り、すでに資料が壁面いっぱいに運び込まれて私たちを待っていた。

2010年8月　バインダーが並んだ会議室

これらの資料をどのような順序で整理するかはおまかせ状態である。そこでまず現在量の把握から取りかかった。バインダーと箱に入ったバラバラの資料があるので、まずバインダーの目録を作成したのち、この目録と香港から運び込まれたときの複数のリストとの照合をした。不要と思われて廃棄したことが記録されているものもあるが、欠本もあり、香港から引き上げるときの担当者の困難がうかがわれた。どのリストの番号がどれにあたるか、完全には合致することがなかったが、与えられた四台のパソコンをつかって英語に苦心しながら、全体を大きな一表にまとめるというのが、この年の作業の締めくくりであった。

箱の中身の確認のためには箱をおろしたり並べ替えたりと重労働がある。しかし、この課では、地下書庫のボックスを並べたり運んだりするプロフェッション、パスカル氏がいた。したがって、運び込まれた箱の上

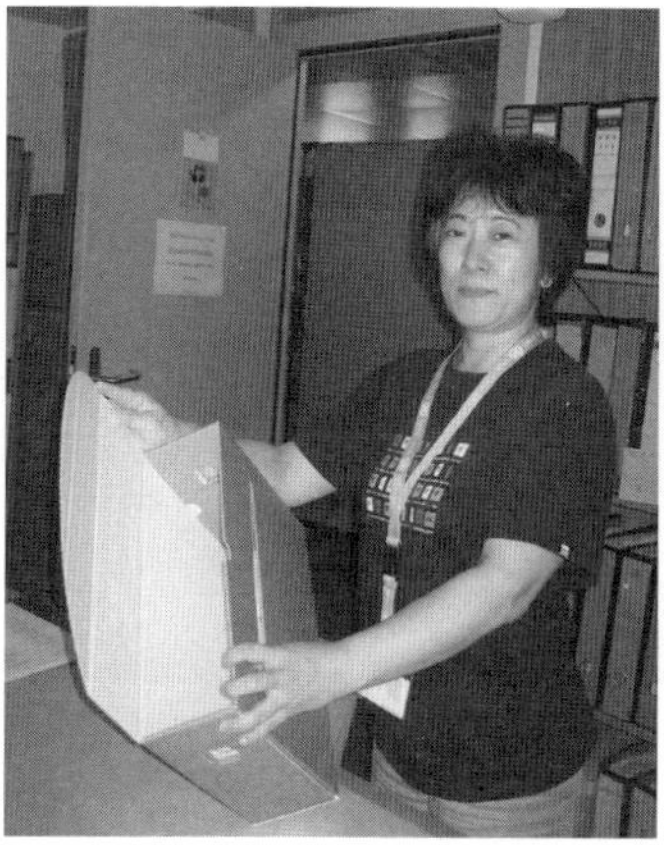

アーカイブボックスを組み立てる

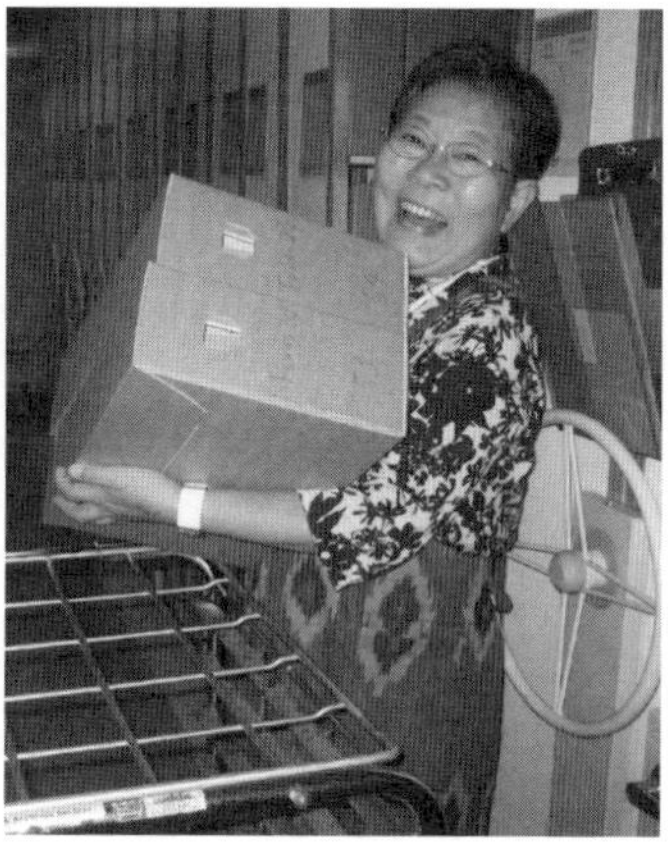

できあがり　2010 年夏の作業

げ降ろしもこのプロにまかせるようにとの指示があった。重労働がかなり軽減された。とはいえ作業はそんなにはかどらず、二週間の終わり頃には残業（？）までして最終にこぎつけた。

はじめは、ボランティアなので八時間勤務などではなく五時間ぐらいでとモンセラート課長から言われていた。時々は早仕舞いしてすぐ隣にある国連ジュネーブ事務所や赤十字博物館に出かけていた。

二年目・三年目の作業

二〇一〇年八月二十三日から九月三日までの二週間、参加は、小川千代子さんと金山正子さん（元興寺文化財研究所）と大西の三人だった。シニアでスタートしたチーム

書庫にて　2010年度夏の参加者

は二年目から現役が参加することになった。

前年とちがい、本年の作業はバインダーからはずしてフォルダに入れる、さらに中性紙で作られた箱（これをアーカイブボックスという）に入れるという体を使う労働であった。まずボックスの組み立てを教わる。バインダーは香港から船積みするために急遽集められた使い古しのもののようで、大きさも形もまちまちで、また中身を十分収容できず、はみだしたり、背文字が剥がれたりと保存状態はひどかった。バインダーから資料をはずして中性紙のフォルダにいれる。フォルダには見出しを手書きで入れる。メリチェル（バルセロナ大学学生）が一日だけ参加、手書きで見出しを書いてもらったら、すごく早かった。一フォルダを二センチ程度とし、一バインダーを二〜四のフォルダにわけて入れる。これらのファイルをアーカイブボックスに入れる。こうしてこの年の入れ替え作業は、バインダー全体の半分を収納し終わった。

翌年、二〇一一年は八月二十九日から九月九日までの二週間。小川千代子さん、秋田通子さん、金山正子さんと大西に加えて、堀井靖枝さん（滋賀大学経済学部附属史料館）、下田尊久さん（藤女子大学）、西村直子さん（大阪大学）、元《ウォン》ナミさん（東京学芸大学）と大勢の参加を得た。新たに来た人はすべて現役と学生である。人数が増えたので作業は、はかどるかに見えた。

この年の作業は、前年にフォルダ＋アーカイブボックスにいれた資料の年代確定であった。これまで資料を一枚一枚めくってみることはしなかったのを初めて詳細に見ることになった。一件資料の中には様々な年号があり、どの年号をとるかを議論ののち、いわゆる文書のカガミにあたる年号だけをとることに決めた。このようにして二分の一の年代確定ができた。この作業をふまえて、今後もこのボランティア事業は継続して進めることは決まったように思える。ジュネーブを離れるときには小川さんとモンセラート課長の間で次年度の予定が約束された。

ジュネーブでの楽しみと参加者のスタンス

ジュネーブは国際都市である。国連をはじめ赤十字社や国際機関が多くあり、また、地理的にスイスの西端にあり、ジュネーブ空港はフランスとの国境をまたいでいる。私たちも三年目は物価の高いジュネーブ市を避けて、フランス側に宿舎をとった。フランスにもスイスの各都市にも週末には行くことができる。

私はモンブランを見渡せる峰まで登ったり、市内見学や少し足を伸ばしてアヌシー（フランス）を訪れたりした。四年目には金山さんを誘って、電車を乗り継いでツェルマットまで二泊で行き、マッターホルンを見ることができた。参加者はこのようにそれぞれ好きな行動をとる。週末だけでなく日本を出てジュネーブへ来るまでもまちまちで、直行する人も寄り道する人も、途中で他国へちょっと行く人もいる。それぞれが自分できめて行動する。出張や学会ではなくて、ボランティアとしての醍醐味であろう。

作業の手応え

三年目になってこのボランティアの業務には、いくつかの展開がみられた。ひとつめは、財団法人ＫＤＤＩ財団から平成二十三年度社会的文化的諸活動として助成

地下書庫での作業　2011年

金を得たことである。ボランティアであるからもちろん費用はすべて自前でまかなうという覚悟で参加しているが、そうはいっても航空運賃、滞在ホテル代、食事代、交通費などをいれてハンパな額ではない。その幾分かを援助してもらうのはうれしいし、それだけでなく、この活動が認められたということがさらにうれしい。

二つめは、作業場の変更である。これまでは上層階にアーカイブ課の会議室を当てていたが、この年からは地下の書庫になった。ここには私たちが整理する資料だけでなく、国連難民高等弁務官事務所のほとんどのアーカイブが納められていて、見ようとするといつでも見られる状態にある。それらの書棚の横にある資料管理担当者の席

東日本大震災の報告会　2011.9. UNHCR ビジターセンターにて

を空けて全員が座れるように設定した。ただ、当たり前のことであるが、書庫に入るにはセキュリティはさらに厳しく、いくつもの専用鍵をクリアして出入りする。従っていつも全員がひとまとまりで作業し、ティータイム、トイレタイム、ランチタイムを設定して団体行動した。不便はあったものの、書庫での作業には昔から手慣れているので、苦痛はなかった。

三つめは、国連職員にむけて報告会をおこなったことである。二〇一一年三月十一日の東日本大震災の被災状況をジュネーブの人にも知ってほしいので話をする機会がほしいと伝えていたところ、UNHCRビジターセンターの企画として「津波、失われた記録の救助」報告会が行われた。このタイトルは、アーカイブ課長モンセラートさんが考案し、会場には日本人職員、UNHCRアーカイブ課の関係者はもとより、日本語ができるアイルランド人職員、周辺国際機関のアー

報告会「津波、失われた記録の救助」のポスターがエレベータの中に掲示された

アレニコフ副国連高等弁務官との会見　2011.9.5

キビスト数名もかけつけなかなか盛況であった。⑴被災地の様子、⑵「史料ネット」という組織の活動、⑶資料救助の手法の三報告はどれも一五分程度、質疑応答も一五分ほど。質問はやはり資料救助方法に関心が集まった。フリーズドライによる水損資料の修復手法は、どうやらほとんど知られていないような印象であった。

四つめは、この報告会を広報するポスターをエレベータ内で見たらしい、UNHCRのアレニコフ副高等弁務官から要望されて会見が実現したことである。アレニコフ氏は、日本からわざわざアーカイブ整理ボランティアに来たことに謝辞をのべ、「この仕事、ご自身にはどんなメリットがありますか?」との質問に対し「日本の公文書管理の実務との比較検討ができる、絶好の機会です。」と小川さんは返答した。

四年目と五年目、そしてさらに作業は続く

二〇一二年八月、四年目に入った。小川、金山、下田、堀井、元《ウォン》、大西に上田雄太さん(中央大学大学院修了生)が加わった。二人の学生の参加は大変心強い。また、先生としての現場経験者が複数いるので、アーカイブ学の実習にもなるようだ。

この年は、UNHCRイントラネットの記者ダビッド氏がインタビューに来て、

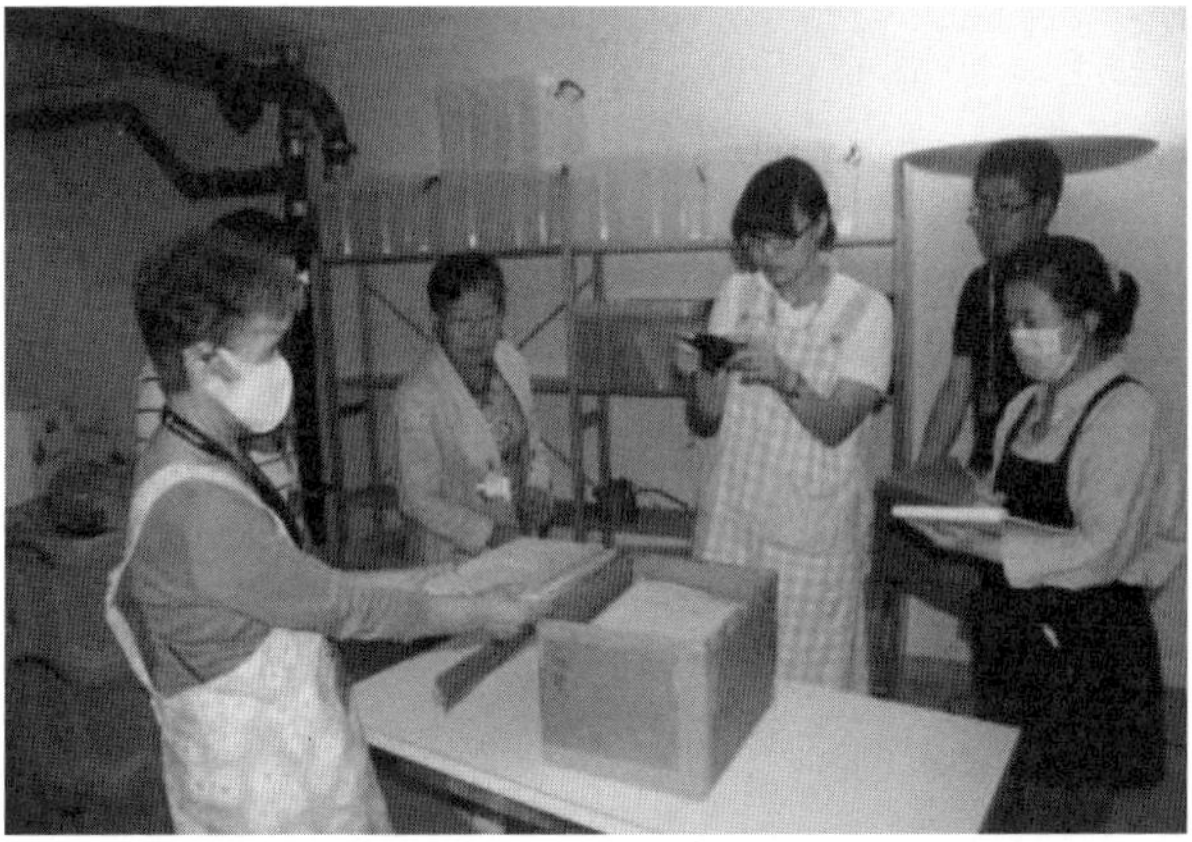

UNHCR イントラネットでの報道写真　2012 夏

私たちの活動を報道してくれた。また、これまでなかなか全貌を見せなかったベトナム難民資料は、書庫の中のあちこちに点在することが分かってきた。そしてその数はかなり膨大だと知れた。しかし、私たちはこれらのアーカイブに日の目を見せてやりたいと願っているので、それらが終了するまでの時間はかなり続くであろうと考えた。

　はじめは名もなかったこの作業チームは、いくつかの報告のために、「シニア・アーキビスト海外ボランティアＵＮＨＣＲ作業チーム」と名付けたが、今ではシニアの看板ははずした方がいいかもしれない。

　二〇一三年、いよいよ五年目に突入した。小川、大西、金山、下田、松村、元の経験者ばかりの六人。八月二十六日～九月六日

整理したアーカイブボックスをUNHCR書庫の棚に並べた！（2013年）

までの二週間の作業は、まだ香港から搬入された箱のままで残っていた資料をアーカイブボックスに入れ替えることであった。また、これまでの経過を表にしてわかりやすく色分けした。一年に一度の作業というのはきちんと記録をして継続しているつもりでも、先年の作業を思い出すのにしばらくかかってしまう。さらに、本年の作業の大きな目玉は個人情報の入った資料をチェックし別置することであった。そういうことは、アーカイブ課職員の仕事であると考えていたが、モンセラート課長の判断により、内容をかなり把握している私たちがしておけばあとからアーカイブ課での作業が助かるということであろうと理解して取りかかった。棚に箱の出し入れ作業が多くなり、書庫担当のパスカル氏に代わってティエリー氏にフル稼働してもらった。まだ、いくつかの未整理を残しており、作業は完成していないが、かなり全貌が見えた気がした。

シニアのこれまでの経験をいかし、アーカイブのよりよき保存と利用に貢献できること、そして将来、私たちの整理した資料が整然と棚に並び、ＵＮＨＣＲのホームページで検索できるようになることを楽しみにしている。

コラム Column

UNHCRアーカイブの地下書庫にこもったのです。

役所の書庫というのはやっぱり地下なのだなあ、というのが最初の感想である。このグループでのボランティア一年目と二年目は、上階の円卓のあるきれいな会議室の棚に整理するバインダがすでに仮置きされていて、パソコンも一人一台づつ準備され、室内には毎日お水やお湯もサーブされていた。が、三年目からは「地下書庫で作業してね」ということになり、段ボール箱の出し入れなどの力仕事も多くなってしまった。部外者の我々が、アーカイブを保管している地下書庫内で勝手に（ではなくモンセラート：アーカイブセクションの責任者で通称モンちゃんの指示に従ってだが）作業をさせてもらうというのは、ある意味信頼されてきた！ということだが、作業環境としては暗いし空気もけっして良くはないし（書庫だから）、嬉しいようなそうでないような。ともかく、セキュリティでカードキーを準備してもらい、皆で地下書庫へ。

UNHCRアーカイブでは、世界各地の支所から送られてきた移管文書の段ボール箱が地下書庫内に仮置きされている。我々の作業の手順は「ベトナム難民資料の整理作業」（155頁）

廃棄するバインダー

で詳しく述べているが、段ボール箱→バインダ→フォルダに入れ替え→中性紙箱入れ、という流れで作業が進められる。ドキュメントをバインダからはずして取り出し、中性紙フォルダに分割しながら入れ直す。そのフォルダを中性紙の箱に縦向きに収納して棚に配架する。フォルダに入れるドキュメントは厚さを一～二センチメートル程度にし、そのフォルダのインデックス部分にバインダ名を鉛筆で記入する。バインダ一冊分を箱に収納して隙間があれば、次のバインダのフォルダも続けて入れる。あらかじめバインダの背表紙のタイトル部分をデジタルカメラで撮影して打ち出したものをフォルダに一緒に挟みこみ、バインダそのものはモンちゃんが点検したのち廃棄される。中性紙箱は組み立て式で、組み立てた箱を収蔵庫の壁沿いに数百積み上げ、順番にバインダから外してどんどん収納していく。つまり、収蔵庫の中では、未整理の資料はバインダの状態のまま棚に配架されており、整理済みのものは中性紙箱に入れ替えられ、その箱にラベルが貼られているのだ。この入れ替え作業を終えてラベルを箱に貼れるときには、ひときわ嬉しさもこみあげるに違いない（残念ながら昨年二〇一三年の作業では、私が帰国したあとでラベルは貼られた）。

ＵＮＨＣＲには日本の多くの公文書館と同様に保存部門がない。したがってコンサバターは配置されていない。やはり非現用文書から歴史資料に熟成しつつある資料の保存に、必要最小限以上の人員の配置は難しいのが実情のようだ。欧米のアーカイブはどんな保存管理をしているのか興味があったが、ＵＮＨＣＲは基本的には日本と大差はない。むしろ、予算不足はどこも同じで、保存環境の改善には中性紙箱一つにしてもお金がかかるのだ。バインダからフォルダに入れ替える際に、錆びたクリップ類は外したが、ステープラーまでは外しきれない。ファックス受信の感熱紙も多く、リストには有無を注記はしたが、今後の褪色が気になる。写真の劣化には気を使っているようで、調査中もまとまって紙焼きが出てきたらＰＰフィルムのシートへの入れ替えを指示された。いっぽう見学に行った赤十字委員会の書庫内の保管状態は抜群に良かった。フォルダも箱もグレーの中性紙で、中性紙箱も特注で出納のしやすい引っ張りが付けられている。書庫内の様子をみると、保存への予算配分の実情がよくわかるものだ。

さて、毎日の作業の合間の楽しみは、何と言っても「食べる」ことだ。ＵＮＨＣＲの食堂はシンプルだが充実している。世界各国から異なる嗜好の皆さんが参集しているので、日替わりでステーキ、魚フライ、ピザ、ハンバーガー、etc. いろいろなメニューが登場する。サラダ・魚料理・肉料理・ベジタリアン料理、好きなものをトレーに入れて最後にレジで精算。ここではスイスフランでもユーロでも使える。フランスとの国境が近いので、フランス側から通っている職員も多いらしい。我々も滞在はフランス側のフェルネイ・ボルテールという街で、バスに乗って二〇分ほどの通勤だ。スイス側ではユーロで支払うとスイスフランでおつりがくる。そのため財布の中は二種類の貨幣と紙幣がごちゃまぜで、支払いの時には苦労する。

ボランティアは働き過ぎてはいけない。「観光もちゃんとしてね」というモンちゃんの言葉もあり、残業もせず（たまにはしたが）五時には作業を終えて帰途につく。帰りにホテルの近くのカルフールで食材を調達、ホテルはキッチン付きの部屋なので、皆で一緒に簡単な調理でできる食事をつくり、ワインを飲みながらしばし談笑。「安くてうまい！」のは何と言ってもチーズと生ハムだ。で、夏のフランスは夜でも明るいが、あまり遅くならないうちに自分のホテルに帰ってのんびり休息。翌朝は同じ時間のバスで皆と顔を合わせて出勤、といった具合の毎日である。

マッターホルンを背に

土日の休日は、皆それぞれに余暇を楽しむ。どこかに一緒に行ってもよし、単独で週末旅行を楽しむもよし。私はといえば、普段になくアクティブにモンブラン、インターラーケン、ツェルマット、ユングフラウと毎年ミニトリップを楽しんでいる。それはさておき、近場でも楽しめるのは週末午前中にフランス各地で開催されるマルシェだ。一言で言えば朝市の露天市だが、肉やらチーズやら生ハム等だけでなく、生鮮食料品の野菜類や生魚も豊富に並ぶ。珍しい野菜や果物や菓子類がいろいろ並ぶのは、みているだけでも楽しい。物価の高いジュネーブに比べると、値段も安く味もいい。楽しい週末を過ごしてリフレッシュしたら、皆は二週目の作業へと突入するが、私は後ろ髪をひかれながらひとり帰国の途についた。

（金山正子）

コラム Column

なぜUNHCRで資料整理のボランティアをするの？

私は韓国出身で、現在日本の学習院大学大学院アーカイブズ学専攻博士後期課程の学生です。主に韓国と日本の地方文書館の設立と地域アーカイブとのネットワークについて研究しています。韓国では韓国史を勉強し、日本の大学院課程に進学して博物館学と文書館学を専攻しました。そのとき、私に文書館学を教え、アーカイブについて知識を得る機会を作ってくださったのが小川千代子先生でした。

その小川先生から国際機関での資料整理のお誘いがあり、二〇一一年からUNHCRのFonds24（155頁参照）のアーカイブ整理作業にボランティアとして参加して三年目になります。日本でも研修や資料調査に参加することはありましたが、遠くジュネーブまでボランティアに来るのは勇気が要ることでした。初めてUNHCRを訪れ、これまでに整理された香港事務所のベトナムの難民記録を見たとき、これから行う作業は、将来のアーキビストになるための大事な経験になると感じました。

日本においてこの活動を小川先生と大西愛さんが全史料協のポスターセッションで二〇一

一年秋に報告されました。その中に写っている私の写真などをみて、学校の仲間やアーカイブ実習先の関係者から多くの質問を受けました。この作業自体に深い興味を抱いたり、どのような資料があるのかを聞いてくる人が何人もいました。また彼らの中には何故ボランティアで、このような資料整理をするのかを疑問に思う人もいましたが、これからアーカイブに勤めたいという希望を持つ私には国際機関のアーカイブで作業できる大事な研修にもなると説明しています。

その理由の一つとして、このボランティアに参加した人たちはみんな各アーカイブ分野の経験者であるからです。そのノーハウを学べるし、一緒に現物の資料に触りながら様々な情報も教えていただけます。さらに、アジアの難民記録を整理することで、世界の難民問題についても知ることができました。また様々な事情を持つ人々が資料を請求する可能性を視野に入れ、その証拠文書を利用できるように整理し公開するＵＮＨＣＲや国際機関のアーカイブの仕事について興味を持つようになりました。文書の仕組みや機関内外のやり取り、資料の整理プロセスや現場実務などなどを習っていくことができ、私にとってこれからの研究や仕事につながる大事な経験になりました。

これからもFonds24の整理を終えるまで、ボランティアに参加して行きたいと思います。この経験は私の研究にも有意義であると確信しています。

（元　ナミ）

おわりに

近年多く発生する自然災害は、以前よりその規模が増大しているように思われる。また、世界各地で起こる紛争はとどまることを知らない。災害と戦争、これによって被害にあった数々のドキュメントを救済して整理、保存にかかわった経験をここに集めた。過去から近現代、直近までの記録資料を残しアーカイブとしてみんなが見られるようにする作業を記述している。

ただ、東日本大震災にかかわる資料については重要な部分がここには抜けている。福島を中心とした、立ち入り禁止区域には救済しなければならない記録があり、私たちはそれに接近もできない。被曝した資料の除染について、チェルノブイリからの報告の一部を紹介してもらったにすぎない。さらに最新技術を集めた原子力発電所がもろくも壊滅した原因についてはまだ調査が進んでいない。それらの事実はきちんと記録し残さなければならない。これは国の仕事かもしれないが、現代を生きる私たち世代の役目でもある。

ボランティアひとりができる作業は少なくて、はがゆいばかりであるが、参加したボランティアが根気よく息長く作業して、残した一枚の紙に書かれている事実は重要なこともある。さらに書かれた資料を残すだけでなく、そのことを書き継いでいくという行為も必要であることを知る。

日本ではアーカイブという言葉・作業・保存過程等をめぐって、これまで多くの人がその方法を模索し、努力を重ねてきた。現在ではその知識も深く、技術も磨かれてきて、世界に肩を並べるほどになっている。歴史の大きなうねりにある今、アーカイブを仕事としてきた私たちは、古いものに目を向けるだけでなく、これからおこる事実を見つめて記録することにも関心を持っていきたい。

本書を出版するにあたり、多くの現場作業に忙しい方々から原稿をお寄せいただいた。また、渥美公秀先生から私たちにない視点でのことばをお寄せいただいた。心から感謝申し上げます。この本をお読みいただいた読者が、アーカイブをきちんと読み解くことによって、これまでに起こった事実を正しく知ることや記録を残すことについて関心をもっていただければ幸いである。

二〇一四年三月　編者

金山正子（かなやま・まさこ）

1962年生まれ。立命館大学文学部史学科日本史専攻卒業。公益財団法人元興寺文化財研究所記録資料調査修復室長（総括研究員）。専門分野は記録資料の保存修復。自治体史編纂および公文書館勤務を経て紙資料の修復に携わる。論文に「沖縄県伊江島反戦平和資料館での保存班活動――現地でできる資料保存を考える――」（『元興寺文化財研究所研究報告2012』、2013年）、「アーカイブの資料保存――状態調査の視点とマネジメントを考える――」（『同研究報告2008』、2009年）、共著に『紙と本の保存科学』（岩田書院、2009年）など。

小松芳郎（こまつ・よしろう）

1950年生まれ。信州大学教育学部卒業。現在、松本市文書館特別専門員、全国歴史資料保存利用機関連絡協議会（全史料協）副会長、信濃史学会理事、松本大学非常勤講師。1999-2004年度に全史料協資料保存委員長、2011-2012年度に全史料協東日本大震災臨時委員会委員長。専門分野は、日本近代史。編著書に『長野県謎解き散歩』（中経出版、2013年）、『松本平からみた大逆事件』（信毎書籍、2001年）、『長野県の農業日記』（郷土出版社、1994年）、『市史編纂から文書館へ』（岩田書院、2000年）、『図説松本の歴史』（共著、郷土出版社、1986年）。『幕末の信州』（郷土出版社、2008年）など。

下田尊久（しもだ・たかひさ）

1950年生まれ。英国ノーサンブリア大学大学院情報・図書館管理学研究コース修了。農学士。MPhil（哲学修士）。現在、藤女子大学文学部准教授。専門分野は、図書館情報学、記録管理学。図書館情報学教育、学部基礎科目としての情報リテラシー教育を担当。日本図書館情報学会、記録管理学会会員。現在、北海道立図書館協議会委員、札幌市公文書管理委員。

藤　隆宏（とう・たかひろ）

1973年生まれ。神奈川大学大学院歴史民俗資料学研究科博士前期課程修了。現在、和歌山県立文書館主査（文書専門員）。論文に「文書館における古文書の修復について」（『和歌山県立文書館紀要』7号、2002年）、「和歌山県内の市町村合併と公文書保存について」（『同』9号、2004年）、「市町村合併後の文書規程について」（『和歌山地方史研究』54号、2008年）など。

Didier Grange（ディディエ・グランジュ）

ジュネーブ大学で歴史および古典考古学修士号取得、1995年～ジュネーブ市文書館長、ICAの要職をつとめる。スイス国内のアーキビスト養成に貢献。

Monsterrat Canela（モンセラート・カネラ）

1984年から1989年までスペイン・セガラ商工アーカイブ館長、1989年から2000年までカタロニア政府文化部アーカイブ館長、2000年からは国連難民高等弁務官事務所アーキビスト、2008年からは同事務所アーカイブ課長を務める。

バルセロナ大学大学院修士（アーカイブ&記録管理）、カタロニア大学情報管理工学士。

執筆者紹介

青木　睦（あおき・むつみ）

1957年生まれ。1981年から国文学研究資料館勤務。現在、同館準教授、専門分野は史料管理学。博物館・図書館・文書館に収蔵される史料の保存修復や民間所在史料の保存管理にも取り組む。著書「アーカイブズの保存とは」「文書館建設設計の基本」『アーカイブズの科学』（国文学研究資料館編、柏書房、2003年）『幻の博物館の「紙」――日本実業史博物館旧蔵コレクション展――』（図録責任編集、人間文化研究機構、2007年）。

渥美公秀（あつみ・ともひで）

1961年大阪府に生まれる。1993年ミシガン大学大学院 Ph. D（心理学）取得終了。大阪大学大学院人間科学研究科博士課程単位取得退学。現在、大阪大学大学院人間科学研究科教授。研究テーマ、災害ボランティア、まちづくり、動物介在療法のグループ・ダイナミクス。学会、日本社会心理学会、国際ボランティア学会、日本 NPO 学会ほか。主著、『ボランティアの知』（大阪大学出版会、2001年）、『災害ボランティア――新しい社会へのグループ・ダイナミクス』（弘文堂、2014年）。

元　ナミ（ウォン・ナミ）

1983年生まれ。ソウル市立大学校国史学科卒業、東京学芸大学教育学研究科修士課程修了。2012年から学習院大学大学院人文科学研究科アーカイブズ学専攻博士後期課程に在学中。研究分野は韓国と日本における地方公文書館設立・運営であり、地域アーカイブとのネットワークにも関心がある。2011年から UNHCR アーカイブ・ボランティアに参加している。

小川千代子（おがわ・ちよこ）

1971年東京都立大学人文学部卒業。東京大学百年史編集室、国立公文書館を経て1993年アーカイブ専門コンサルタント事務所国際資料研究所を設立。2013年-藤女子大学図書館情報学課程教授。米国アーキビストアカデミー公認アーキビスト。2003-08 全史協副会長、2013-記録管理学会会長、著書は、『デジタル時代のアーカイブ』（岩田書院、2008年）、『アーカイブ事典』、（大阪大学出版会、2003年）、『政策提言　公文書管理の法整備に向けて』（商事法務、2007年）他、専門は記録管理、電子記録長期保存、アーカイブ。

奥村　弘（おくむら・ひろし）

1960年生まれ。神戸大学大学院文化学研究科退学。京都大学人文科学研究所助手をへて、現在、神戸大学大学院人文学研究科教授、同大学地域連携推進室室長。歴史資料ネットワーク代表委員。専門は日本近代史及び歴史資料論、とくに地域社会の形成過程を主要な研究領域としている。著書に『大震災と歴史資料保存――阪神・淡路大震災から東日本大震災へ』（吉川弘文館、2012年）、歴史資料ネットワーク編『歴史のなかの神戸と平家』（神戸新聞総合出版センター、1999年）、久留島浩・奥村弘編『展望日本歴史17 近世から近代へ』（東京堂出版、2005年）など。

大西　愛（おおにし・あい）

1965年大阪大学文学部史学科国史学専攻卒、伊丹市史編集室のち伊丹市立博物館勤務。1974年ベルギー・ブリュッセル日本人学校教員。1979年大阪大学五十年史資料・編集室、大阪府公文書館専門職員を経て、現在、大阪大学出版会勤務。2013年から大阪府公文書館運営懇談会委員。著書『阪神大震災と出版』（共著、日本エディタースクール、1995)、『文書館用語集』（共編著、大阪大学出版会、1997年)、『アーカイブ事典』（共編著、大阪大学出版会、2003年)。

阪大リーブル48

アーカイブ・ボランティア
——国内の被災地で、そして海外の難民資料を——

発行日　2014年6月19日　初版第1刷　〔検印廃止〕

編　者　大　西　　　愛

発行所　大阪大学出版会
代表者　三成　賢次
〒565-0871
大阪府吹田市山田丘2-7　大阪大学ウエストフロント
電話：06-6877-1614（代表）　FAX：06-6877-1617
URL　http://www.osaka-up.or.jp

印刷・製本　株式会社 遊文舎

ISBN 978-4-87259-430-0　C1336

阪大リーブル

- 001 ピアノはいつピアノになったか？（付録CD「歴史的ピアノの音」） 伊東信宏 編 定価 本体1700円+税
- 002 日本文学 二重の顔 〈成る〉ことの詩学へ 荒木浩 著 定価 本体2000円+税
- 003 超高齢社会は高齢者が支える 年齢差別《エイジズム》を超えて創造的老い《プロダクティブエイジング》へ 藤田綾子 著 定価 本体1600円+税
- 004 ドイツ文化史への招待 芸術と社会のあいだ 三谷研爾 編 定価 本体2000円+税
- 005 猫に紅茶を 生活に刻まれたオーストラリアの歴史 藤川隆男 著 定価 本体1700円+税
- 006 失われた風景を求めて 災害と復興、そして景観 鳴海邦碩・小浦久子 著 定価 本体1800円+税
- 007 医学がヒーローであった頃 ポリオとの闘いにみるアメリカと日本 小野啓郎 著 定価 本体1700円+税
- 008 歴史学のフロンティア 地域から問い直す国民国家史観 秋田茂・桃木至朗 編 定価 本体2000円+税
- 009 懐徳堂 墨の道 印の宇宙 懐徳堂の美と学問 湯浅邦弘 著 定価 本体1700円+税
- 010 ロシア 祈りの大地 津久井定雄・有宗昌子 編 定価 本体2100円+税
- 011 懐徳堂 江戸時代の親孝行 湯浅邦弘 編著 定価 本体1800円+税
- 012 能苑逍遥(上) 世阿弥を歩く 天野文雄 著 定価 本体2100円+税
- 013 わかる歴史・面白い歴史・役に立つ歴史 歴史学と歴史教育の再生をめざして 桃木至朗 著 定価 本体2000円+税
- 014 芸術と福祉 アーティストとしての人間 藤田治彦 編 定価 本体2200円+税
- 015 主婦になったパリのブルジョワ女性たち 一〇〇年前の新聞・雑誌から読み解く 松田祐子 著 定価 本体2100円+税
- 016 医療技術と器具の社会史 聴診器と顕微鏡をめぐる文化 山中浩司 著 定価 本体2200円+税
- 017 能苑逍遥(中) 能という演劇を歩く 天野文雄 著 定価 本体2100円+税
- 018 太陽光が育くむ地球のエネルギー 光合成から光発電へ 濱川圭弘・太和田善久 編著 定価 本体1600円+税
- 019 能苑逍遥(下) 能の歴史を歩く 天野文雄 著 定価 本体2100円+税
- 020 懐徳堂 市民大学の誕生 大坂学問所懐徳堂の再興 竹田健二 著 定価 本体2000円+税
- 021 古代語の謎を解く 蜂矢真郷 著 定価 本体2300円+税
- 022 地球人として誇れる日本をめざして 日米関係からの洞察と提言 松田武 著 定価 本体1800円+税
- 023 フランス表象文化史 美のモニュメント 和田章男 著 定価 本体2000円+税
- 024 懐徳堂 漢学と洋学 伝統と新知識のはざまで 岸田知子 著 定価 本体1700円+税
- 025 ベルリン・歴史の旅 都市空間に刻まれた変容の歴史 平田達治 著 定価 本体2200円+税
- 026 下痢、ストレスは腸にくる 石蔵文信 著 定価 本体1300円+税
- 027 セルフメディケーションのための くすりの話 那須正夫 著 定価 本体1100円+税
- 028 格差をこえる学校づくり 関西の挑戦 志水宏吉 編 定価 本体2000円+税
- 029 リン資源枯渇危機とはなにか リンはいのちの元素 大竹久夫 編著 定価 本体1700円+税
- 030 実況《ライブ》・料理生物学 小倉明彦 著 定価 本体1700円+税

031 **夫　源　病**
こんなアタシに誰がした
石蔵文信 著
定価 本体1300円+税

032 **ああ、誰がシャガールを理解したでしょうか？** CD付
二つの世界間を生き延びたイディッシュ文化の末裔
圀府寺司 編著
定価 本体2000円+税

033 **懐徳堂 懐徳堂ゆかりの絵画**
奥平俊六 編著
定価 本体2000円+税

034 **試練と成熟**
自己変容の哲学
中岡成文 著
定価 本体1900円+税

035 **ひとり親家庭を支援するために**
その現実から支援策を学ぶ
神原文子 編著
定価 本体1900円+税

036 **知財インテリジェンス**
知識経済社会を生き抜く基本教養
玉井誠一郎 著
定価 本体2000円+税

037 **幕末鼓笛隊**
土着化する西洋音楽
奥中康人 著
定価 本体1900円+税

038 **ヨーゼフ・ラスカと宝塚交響楽団**
（付録ＣＤ「ヨーゼフ・ラスカの音楽」）
根岸一美 著
定価 本体2000円+税

039 **上田秋成**
絆としての文芸
飯倉洋一 著
定価 本体2000円+税

040 **フランス児童文学のファンタジー**
石澤小枝子・高岡厚子・竹田順子 著
定価 本体2200円+税

041 **東アジア新世紀**
リゾーム型システムの生成
河森正人 著
定価 本体1900円+税

042 **芸術と脳**
絵画と文学、時間と空間の脳科学
近藤寿人 編
定価 本体2200円+税

043 **グローバル社会のコミュニティ防災**
多文化共生のさきに
吉富志津代 著
定価 本体1700円+税

044 **グローバルヒストリーと帝国**
秋田茂・桃木至朗 編
定価 本体2100円+税

045 **屛風をひらくとき**
どこからでも読める日本絵画史入門
奥平俊六 著
定価 本体2100円+税

046 **アメリカ文化のサプリメント**
多面国家のイメージと現実
森岡裕一 著
定価 本体2100円+税

047 **ヘラクレスは繰り返し現われる**
夢と不安のギリシア神話
内田次信 著
定価 本体1800円+税

（四六判並製カバー装。定価は本体価格＋税。以下続刊）